サッカーとビジネスのプロが明かす 育成の本質

才能が開花する環境のつくり方

元サッカー日本代表
中国スーパーリーグ・広州富力足球倶楽部 アカデミー育成責任者
菊原志郎

仲山考材株式会社 代表取締役
楽天株式会社 楽天大学学長
仲山進也

徳間書店

「人を育てる」から
「育ちやすい環境をつくる」へ

はじめに

サッカー好きなふつうの社会人が、かつて「天才」と呼ばれたサッカー人と知り合って、しかも「育成」を仕事にしているという共通点で意気投合し、1年間にわたってマンツーマンで話を聞けることになったとしたら――いったいどんな学びを得られることになるか、想像できるでしょうか。

菊原志郎さんって、知っていますか?

Jリーグがまだない頃、小学4年生から読売クラブの下部組織でプレーし、なんと15歳でプロ契約して、16歳で日本サッカーリーグ最年少デビュー。与那城ジョージ、小見幸隆、ラモス瑠偉、加藤久、松木安太郎、都並敏史、戸塚哲也、三浦知良、武田修宏といった日本代表クラスのチームメイトのなかでも突出した技術で、「天才」と称されたサッカープレイヤーです。20歳で日本代表にも選出されています。

引退後は指導者の道へ。東京ヴェルディのコーチを経て、U－17日本代表コーチとして中島翔哉、南野拓実、植田直通、鈴木武蔵、中村航輔らを率いて、２０１１年のＦＩＦＡ Ｕ－17ワールドカップで、18年ぶりのベスト8入りを果たしました。

近年では、中国スーパーリーグの広州富力というクラブから招聘《しょうへい》されて、Ｕ－13のチームを1年半で全国優勝に導いています。

つまり、「天才プレイヤー」で「名コーチ」なのです。

筆者はたまたまのご縁で、その菊原志郎さんとＪクラブの育成部門で一緒に仕事をすることになり、冒頭のように、1年間、ほぼ毎日マンツーマンで話を聞けるという幸運に恵まれました。

志郎さんとの話題は、

「天才とは何か」
「自分はどう育ったのか」
「プロフェッショナルとは何か」
「伸びる人と伸びない人の違い」

「遊びと競技（仕事）の違い」
「いいチームとは何か」
「読売クラブ・ヴェルディが強かった理由（組織文化）」
「個を伸ばす指導者と個をつぶす指導者の違い」
「グローバル時代の人材育成」

などなど、多岐にわたりました。

仕事としてビジネスの現場で「個の育成」「組織の育成」をテーマに活動してきた筆者にとって、**志郎さんの話してくれるエピソードの一つひとつが圧倒的でした。**

そんな志郎さんがあるとき、ため息まじりでこんなことをつぶやきました。

「プロになれないなら子どもにサッカーをやらせた意味はなかった、という保護者がいるのが悲しいいんですよね」

Jクラブの下部組織であるユースチームからは、毎年20人ほどのうち一人か二人しかトップチームに上がれません。もし、トップに上がれなかった選手が「サッカーをやった意味はなかった」と思いながらその後の人生を過ごすことになるのであれば、本人にとっても保護者にとってもとても残念すぎます。

志郎　子どもにサッカーをやらせる保護者は増えています。しかし、「試合に出られないならこのチームにいる意味はない」とか、「プロになれないなら子どもにサッカーをやらせた意味がなかった」という保護者が多いのも事実です。

子どものほうも、サッカーをやめるときに、「何となくやってみたけど、うまくいかなくて終わっちゃった。向いてなかった」と思ってしまうとすれば、非常にもったいないですよね。

保護者のみなさんには、子どもたちがサッカーを通して充実した時間を過ごして、幸せになって、「やっぱりサッカーをやらせてよかったな」と思ってほしいのです。

僕は15歳でプロ選手になりましたが、40年以上ずっとサッカーと関わってきたなかで多くのことを学べて、それが人生にとても役立ったという実感があります。

ですから、さまざまなスポーツや文化的な習い事があるなかで、保護者が子どものためを思って「せっかく一度きりしかない人生で、自分の子どもに何をやらせようか」と考えたとき、「やっぱりサッカーがいいね」とか「サッカーを通していろいろなことを感じたり、学んだりしてほしい」と思ってもらいたいのです。

子ども本人にも「サッカーを通して喜びや楽しさ、難しさや悔しさも含めて、いろいろなことを学べて、いい仲間がたくさん増えたからやってよかった」と思ってもらいたい。**プロ選手になれてもなれなくても、レギュラーであってもなくても、何より、サッカーから得られた学びを活かして、豊かで幸せな人生を送れるようになってほしい。**

そのために、「サッカーをやる意義」や「サッカーから学べること」について考えておくことが大事だと思っています。

*

というわけで、筆者は志郎さんから「サッカーから得られる学びを通して幸せになるためのヒント」をたくさん教えてもらうことになりました。筆者があまりに興奮しながら話を聞いていたせいか、志郎さんも面白がってくれて、いつも「仲山さん、お茶いきましょうか」と誘ってくれるようになりました。

そんな志郎さんから学んだことを独り占めするのはあまりにもったいないので、全力でおすそ分けしよう、というのがこの本の趣旨です。

聞いた話をそのまま文字にするだけでも面白いのですが、注意点がありまして……。何かというと、**志郎さんは、「すごいことを、さらっと言う」のです。**たとえば、

「天才って、努力の天才なんですよね」
「夢中でやって、基本的な技術を身につけることが大事ですよね」
「仲間といい関係を築いた経験があれば、社会に出てから役立ちますよね」

とか。なんとなく聞いているだけだと、「ほほー」「なるほど〜」と受け流してしまいそうな一言です。しかし、よくよく深掘りして聞いてみると、「そこまでハイレベルなことだったんですか！」と驚くような実践談がどんどん出てきます。

ただ、その超絶エピソードを聞いたとしても、「志郎さんだからできるんでしょ」「読売クラブとかヴェルディだからできるんでしょ」「自分とは状況が違いすぎて参考にならない」と思ってしまうと、これまたもったいない。

そこで、自称「個と組織の成長マニア」で「フレームワーク好き」の筆者が、志郎さんの話をふつうの人でも「自分ごと」として感じやすくなるよう、普遍化・抽象化したりビジネスに置き換えたりしながら翻訳を試みることになりました。

申し遅れましたが、著者の仲山進也です。主にEコマース事業の経営者やネットショップの店長さんの成長を支援する仕事を20年以上やってきています。

新たな商売を軌道に乗せるにはどうしたらよいか、安売り依存の消耗戦を抜け出すにはどうしたらよいか、中小企業が大企業に負けないためにはどうしたらよいか、社内のチームづくりはどうしたらよいか、人材育成はどうしたらよいか、といったことを店長さんたちと話し合いながら一緒に考える係です。

筆者のまわりには、ゼロから立ち上げたネットショップが月商数億円に成長したような会社がたくさんあります。20年にわたり数万店のネットショップを見てきた結果、いつのまにか「伸びる人と伸びない人の違い」もわかるようになりました。

自分自身、入社したベンチャー企業が、20人から2万人になるというレアな経験をして、あらゆる「組織の成長痛」を実体験として得たことが貴重な財産になっています。

その知見を体系化して、チームづくりに悩んでいる経営者やリーダーに提供する活動もしています。

そうやって、たくさんの「成長する会社」「成長する個人」を見続けてきた筆者にとって、志郎さんの話は「学びが多すぎる」のです。どういうことかというと、筆者がビジネス向け講座で使っているフレームワーク（考え方の枠組み）にドンピシャであてはまるエピソード事例がいっぱいなのです。

特に「個の育成」「組織の育成」を仕事にしている方にとっては、仕事の解像度が相当上がるはずです。サッカーとは直接関係のない世界にいる人でも、志郎さんの教えをビジネスに置き換えることができれば、ほぼ間違いなく仕事が楽しく、人生が豊かになります。

さて、前置きはこのくらいにして、早速、「サッカーから得られる学びを通して幸せになるための旅」を始めましょう！

※見出しに【解説】と書いてある部分は筆者・仲山のパートです。

目次

第1章 天才の「育ち方」

第2章 強いチームを育む組織文化

第3章 組織の育成——自走するチームのつくり方

第4章 個の育成①——伸びる子と伸びない子の違い

第5章 個の育成② ―― 自走人の増やし方

第6章

「個を伸ばす指導者・保護者」と「個をつぶす指導者・保護者」の違い

第7章

グローバル時代の育成

第8章 サッカーから学んだことを通して幸せになる

菊原志郎 ＊ 年表

１９６９　横浜で生まれる。同年、読売サッカークラブ創立
１９７３　幼稚園のサッカークラブに入れられ、毎日泣きながらサッカーをする
１９７９　小学4年生で読売クラブに入団
１９８５　15歳で読売クラブとプロ契約
１９８６　16歳で日本サッカーリーグ最年少デビュー
１９８８　アジアクラブ選手権で優勝
１９９０　日本代表に選出される
１９９３　ヴェルディ川崎（現・東京ヴェルディ）でＪリーグ開幕
１９９４　浦和レッズにＪリーグ初の期限付き移籍
１９９６　ヴェルディに戻り引退
１９９７　ヴェルディでコーチに就任
２００９　Ｕ－15日本代表コーチに就任、監督の吉武博文さんと出会う
２０１１　Ｕ－17メキシコワールドカップで日本代表をベスト８に導く
２０１２　ＪＦＡアカデミー福島
２０１５　横浜Ｆ・マリノスに移籍。翌年、仲山さんと出会う
２０１８　中国スーパーリーグ広州富力アカデミーに移籍。Ｕ－13中国足球協会杯で準優勝
２０１９　中国青年運動会Ｕ－14で優勝。その後、広州富力アカデミーダイレクター（Head of youth academy coaching）に就任

仲山進也＊年表

１９７３　北海道で生まれる
１９８２　小学３年生から高校３年生まで毎日夢中でサッカーを遊ぶ
１９９３　国立競技場の売り子としてＪリーグ開幕に立ち会う
１９９７　慶應義塾大学法学部法律学科を卒業後、シャープ入社。サッカー部（奈良県１部リーグ）所属
１９９９　草創期の楽天（社員20名）に移籍
２０００　楽天市場出店者の学び合いの場「楽天大学」設立
２００４　ヴィッセル神戸へ派遣され、ネットショップ立ち上げ。ユース・ジュニアユース向け「モチベーション講座」開催
２００７　楽天大学「チームビルディングプログラム」開始。楽天で唯一、「兼業自由・勤怠自由の正社員」となる
２００８　仲山考材株式会社を創業（楽天と兼職）
２０１２　人気サッカー漫画『ＧＩＡＮＴ　ＫＩＬＬＩＮＧ』とコラボした『今いるメンバーで「大金星」を挙げるチームの法則』出版、「チームの成長ステージ」を提唱
２０１４　「サッカーマガジンＺＯＮＥ」にて「仕事で大切なことはすべてサッカーが教えてくれる」連載
２０１６　横浜Ｆ・マリノスのプロ契約スタッフとなり、志郎さんと出会う
２０１７　ジュニアユース向け・育成コーチ向け・スクールコーチ向け育成プログラム開催
２０１８　『組織にいながら、自由に働く。』出版、「加減乗除の法則」を提唱
埼玉県にてデロイト、浦和レッドダイヤモンズ、大宮アルディージャ等と事業創発プログラム開催

第1章

天才の「育ち方」

「プロフェッショナル」になるための資質とは

「プロの選手になるのに一番必要な資質は何ですか?」

保護者がサッカー関係者に決まってする質問のなかでも、代表的なものだそうです。

ここから志郎さんに聞いていきましょう。

志郎　まず、サッカーがうまくなりたいという子ども自身の意志、気持ちが必要です。そのうえで一番大事なのは、サッカーに夢中になることです。夢中になることができれば、つらいことや苦しいことがあっても乗り越えられます。

夢中になるためには、サッカーの面白さ、楽しみ方を知る必要があります。サッカーっていろいろな楽しみ方ができるスポーツなんです。

攻撃で点を取るのはもちろん、守備でゴールを守るのが楽しいという人もいれば、いいパスを出すのが好きだという人もいます。「点が取れないと全然面白くない」という人もいますが、それはいろいろな楽しみ方に気がついていなかったり、身近にそれを教えてくれる指導者がいなかったりするからでしょう。

サッカーの楽しみ方を知るためには、まず夢中でサッカーに取り組むこと。そして基本的な技術を身につけることが必要不可欠です。

——志郎さんの少年時代はどうだったのでしょう?

志郎　僕は、父からたくさんのいい影響を受けました。僕の家の前には100段くらいの階段があって、しかも傾斜が3種類あるんです。小学4年生のとき、父から**「その階段をドリブルで20往復してから学校に行け」**と言われて、毎朝やっていました。

父はサッカー経験がないのですが、「階段でドリブルできたら、平らな場所なんか簡単だろう」という発想です。でも、実際にやるのは大変で、リフティングじゃないから、上りも下りも1段ごとにステップやバウンドを考えるのです。足をどこに置いて、ボールをどこで押さえるかというのを瞬間的に考えながらボールを運ばないと、下りなんかはボールがバーッと落ちていってしまいます。

最初は全然うまくできなくて、かなり時間がかかっていました。もう完全にやらされ感だけです。

しかし、20往復しなければいけません。ちょっとでも早く終わらせたいから工夫してやっていくうちに、だんだんスムーズにできるようになる。そうなると面白くなってくるんです、これが(笑)。

またあるとき、水族館に連れて行かれました。アシカショーを見ているときに父から、**「トラップのコツはアシカだ。ああやって止めるんだよ」**と言われました。それでアシカをずーっと見てたんです。そうしたら、アシカが飼育員からボールを受け取る瞬間、鼻を一瞬ヒュッと優しく下げることでボールが弾まないことに気がついた。それをマネするようになってから、トラップがうまくできるようになったんです。

――マンガみたいな特訓ですね！

志郎　**「人生にムダはない」が父の口癖でした。**「失敗してもいいから、いろいろなことを経験しなさい」と言われて、小学6年生までは、空手、水泳、スキー、卓球、サッカー、野球など、いろいろなことを習いました。

父の考えは、**小学6年生まではサッカー以外にもたくさんのことにチャレンジして、いろいろな失敗や成功を経験することが大事だと。中学からは自分に合うもの、自分の好きなものにだんだん集中していく。高校くらいからやりたいことを専門的にやっていけばいい、**というものでした。

だから僕はスポーツのほかにも将棋や釣りなんかも楽しんでいました。

天才ドリブラーを生み出した「空手の間合い」

――そうやっていろいろなことをやった経験は、サッカーにどう活きているのでしょう？

志郎　仲山さん、ちょっと立ってディフェンス役をやってもらっていいですか。

（そう言って、ディフェンダー役の筆者を背負う形で競る〈ポストプレーをする〉ポジションに立った志郎さんは、いきなり筆者の右モモの付け根を手のひらでグッと押さえて言いました）

志郎　ここを押さえると、人って動けないんですよね（笑）。

――うわ、ホントに動けない！　なんですか、これは!?

志郎　空手では、暴漢に襲われたら体をうまく使って相手からどう身を守るかという護身術を習います。そのスキルを活かした技がこれで、ポストプレーやコーナーキックの際の競り合いにすごく役立つんです。

ほかにもあります。空手では突きがくるときに最初に動くのが、相手の胸や肩のあたりです。だから相手の突きを素早く避けるために手を見るのではなくて、いつも胸や肩のあたりを見ているんです。

僕は高校1年生のとき、15歳でプロになったのですが、当時の読売クラブには日本代表でバリバリのディフェンダーがいました。都並（敏史）さんや松木（安太郎）さんです。一度ピッチに立ったら、年齢は関係ないというのが読売クラブです。最初の頃は、1対1になったとき、容赦のない鋭い寄せやタックルでボールを奪われました。

ですが、少し経つとうまくかわせるようになりました。守備の選手がボールを奪いにくるときは、最初に動くのが骨盤で、そこさえ見ていれば次の動きがわかるからです。

だから、都並さんとか松木さんと1対1になったとき、骨盤がピクっと動いた瞬間、タックルにくることがわかり、僕もすぐ動くからボールを奪われなくなりました。むしろ飛び込んでくる場合だと簡単に見切れてかわしやすかったんですよね。

空手で学んだ相手との距離感も役に立ちました。突きが届くか届かないかの距離感を肌感覚でわかっていたので、ディフェンダーの足が伸びてきても、その5センチメートル先を行けば絶対に触れない。

ギリギリのところを見てドリブルしていくからムダがないんです。

FCバルセロナのメッシもそういう感じですよね。2人目、3人目まで抜きたいので、1人目でムダに大回りすると2人目で疲れてしまいますから。

こういうスキルは空手の経験や、1対1をたくさんやって失敗したから身についたんです。「ああ、触られた。あと5センチこっちだった」みたいな感じで、ギリギリの間合いがわかってくる。それが面白かったですね。

――5センチ！　間合いの感覚の解像度、そんなに高いんですか!!　しかも「骨盤のあたりを見る」という視点、僕もサッカー経験がありますけど、子どものときに聞いておきたかったです。

志郎　スキーも役に立っています。スラロームをするとき、バランスを取りながら倒れないようにするために、股関節や膝を柔らかく使うことを覚えました。そのおかげでドリブルがうまくできるようになったんです。

親がやらせてくれた空手とスキーが僕のドリブルの原点ですね。空手は初段、黒帯まで取って、ちょうど中学1年生になるときにサッカーが忙しくなったのでやめました。スキーは横浜のＹＭＣＡで習って、小学生では一番上のレベルくらいまで行きました。毎年冬や春のキャンプに行かせてもらったりして、お金もかなりかかっていたと思います。「子どもにいろいろな経験をさせたい」というのが僕の親でした。

ほかにも、父から「学校のクラブは今までやったことのないことをやれ」と言われて、卓球をやりました。

そのときは、サイドステップなど軽快なステップワークを覚えられました。

今の子どもたちも、スケジュールにいろいろな習い事や塾が詰まっていて忙しいといわれていますが、重要なのは「いろいろなことをやる」ということと、「やるならとことんやる」「楽しんでやる」ということ。

僕も今振り返ってみると、本当にいろいろなことをやらせてもらってスキーや空手の楽しさや難しさも知ったことが、のちの人生にすごく活かされています。両親に感謝ですね。

うまくなるまでやると「やらされ感」がなくなる

――ちなみに、「やらされ感」はあったんですか?

志郎　最初は「なんでこんなことをやるんだろう」って不満を感じることもありました。完全に「やらされている」状態です。

でも、やる以上は何でも人よりうまくなりたいと思っていたから、自分で一生懸命工夫するんです。やっていくうちに人よりうまくなると、達成感や優越感などを感じて、「もっとうまくなりたい、もっとやりたい」という気持ちがわいてきて、さらに工夫して練習する。その繰り返しでした。

うまくいかないときは、いつも一緒にがんばっている弟の姿や、いつも見守ってくれる

母の優しさとおいしい料理が支えになりました。

よみうりランドでトップチームの選手と会ったときは、敷地内のビリヤード場に連れて行かれて、ブラジル人などとビリヤードをやるんですが、そのときものめり込んで延々やっていました。納得がいくまでやらないと気が済まないんですよね。

父には、勉強もやらされましたよ。**父は文武両道という言葉が好きでした。「日本は学歴社会だからしっかり勉強もしなさい」「先生の話は、一言も聞き漏らすな」という考えの人でした。小学校から帰ってきたら、各科目の授業内容を2分で話させられていました。**父に話さなければいけないと思うと、授業を集中して聞くようになり、授業中に要点を2分でまとめる癖がつきました。それで勉強ができるようになりました。

僕は15歳でプロサッカー選手になりましたが、ハードな練習と同時に勉強も大事にしていました。高校3年生のときにはふつうに大学受験もして、中央大学を卒業しています。

――お父さんは、どんなほめ方や叱り方をするんですか?

志郎　小学1年生のとき、授業参観がありました。先生からAかBかの二択問題が出題されたのですが、Aを選んだのは僕だけ。ほかのみんなはBを選びました。もちろん正解はBでした。

でも、家に帰ったら、父はそんな僕をほめてくれました。「おまえはみんなの意見に左

右されず、自分の意見をちゃんとみんなの前で言った。答えは間違いだったけれど、そのほうが大事なんだ。偉かった」と。

このとき、みんながどう言っていても自分でしっかり考えて意見を言うことが大事だと強く思って、以来ずっとそうしてきました。このときのことは今でも鮮明に覚えています。

叱られた思い出もあります。小学生のとき、試合中に仲間のことを悪く言ったら、ベンチまで入ってきて叱られました。「人の気持ちを考えないのはダメだ。言い方を考えなさい。その人がやる気をなくしたら、おまえにもパスはこない。人のせいにしたらダメだ。自分もほかの人も成長できる方法を考えなさい」と。

——だんだん「天才」が育った環境がわかってきました。お父さんのような「自立を促す名コーチ」は、どんなバックグラウンドをもっている方なのでしょう?

志郎　僕の両親はともに大学は薬学部出身で、実家は自営業の薬局でした。僕の父親は小学3年生のときに結核になって3年生、4年生のときは学校に行けなかったそうです。当時の結核は不治の病で、医者から「あと半年の命」と言われていました。薬がなくて、お経を書いた紙を食べなさいと言われ、食べていたそうです。神頼みですよね。もう無理かと思っていたら、たまたま特効薬がアメリカから入ってきて治ったのです。でも、体はそんなに強くなかったから、本当はサッカーをやりたかったんだけどできなかった。だから子どもにやらせたところはあったと思います。

母は原子爆弾が投下される1年前、昭和19年に長崎で生まれました。たまたま祖父の仕事の関係で長崎ではなく満州で育って、終戦で帰国することになりました。

僕は身長が167センチ、体が大きくありませんでした。そんな僕に対して、父は「コンプレックスに花が咲く」とよく言っていました。みんなコンプレックスをマイナスにとらえがちなんですよね。「これが足りないから俺には無理、できない」って。

そうじゃなくて、**「コンプレックスがあるからこそ、それをいかにして克服するかを考えるから成長するんだ。体が小さいからこそできることがあるんじゃないか」とよく言っていました。**

今ならよくわかりますが、いいものをつくるためには、本当に時間をかけて試行錯誤を繰り返すことが必要不可欠なんですよね。また、ほかの人がマネできないものをつくるためには、失敗が許される、安心してチャレンジできる場所が必要です。

指導者になったときに、いろいろなことをした経験が活かされます。サッカーだけしかしてこなかった指導者より、子どもにいろいろなことを伝えられます。

だから子どもの頃は大いに遊んで、大いに失敗して、いろいろな経験をして大きくなっていくということが大事なんです。

大人はそういう環境をつくってあげるのがよいと思います。

そういえば、父は僕がもらってきたトロフィーとかメダルは、全部近所の子どもたちにあげるんですよ。「過去の栄光に意味はない。こういうものを家に飾っていたら成長できない」と言って。

「15歳までに自分のすべてを伝えるから、そのあとは自分で考えて生きていきなさい」ということも言われました。

そういったことを、晩酌しながら、広告の裏に文字や図を書いて講義してくれたんです。

【解説】夢中体質のつくり方（フロー理論）

志郎さんは、プロサッカー選手になるためにまず必要なのは、「夢中になること」だと言いました。そこで、ここでは「夢中」に関して掘り下げながら話を整理していきます。

「夢中」ということを考えるにあたっては、「フロー理論」が参考になります。ミハイ・チクセントミハイさんというアメリカの心理学者が提唱しているもので、『フロー体験 喜びの現象学』（世界思想社刊）という著書に一つだけ出てくる図表を少しアレンジしたのが、次のページのシンプルな図です（図1）。

図1　モヤモヤの正体は「不安」と「退屈」

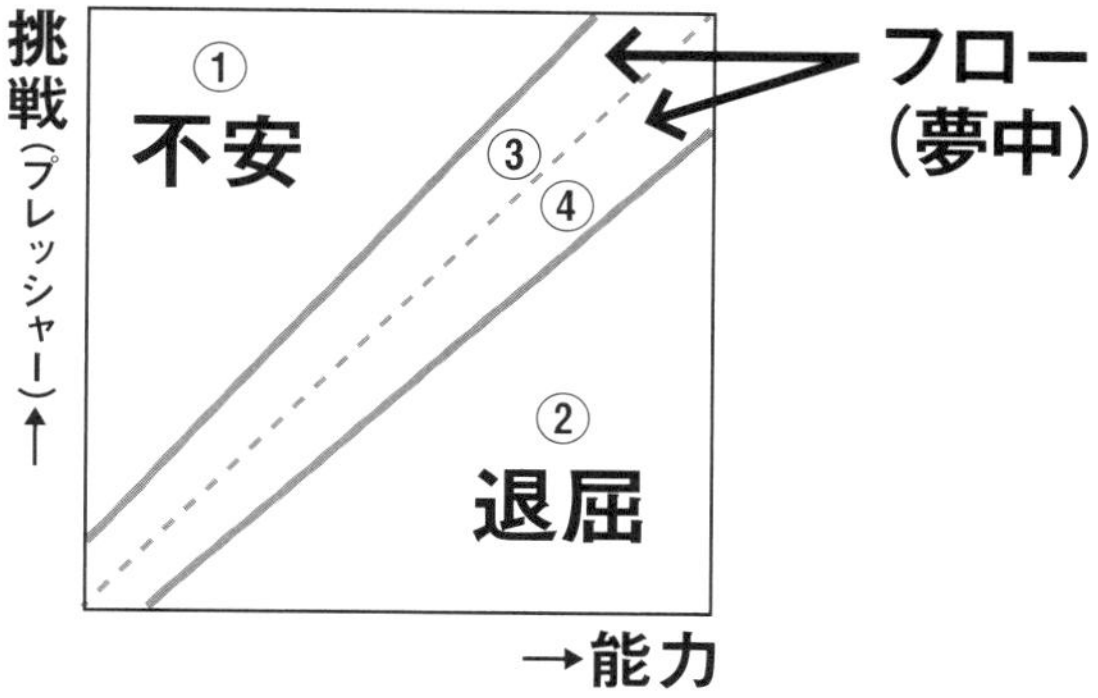

（参考文献）ミハイ・チクセントミハイ『フロー体験　喜びの現象学』を参考にアレンジ

サッカーにしても仕事にしても、思うようなパフォーマンスが発揮できていないときに、人はモヤモヤします。モヤモヤしているときには、この「フロー図」を眺めて「今どこにいるかな」と考えます。

このフロー図は、縦軸が「挑戦」で、横軸が「能力」です。

能力を大きく超えた挑戦をすると、人は「不安」になります。逆に、能力が高いのに挑戦しないと「退屈」になります。モヤモヤの正体は、「不安」と「退屈」の2種類なのです。

これに対して、挑戦と能力のバランスが取れているとき、人は「夢中」になりやすい。

それがこの図のメッセージです。

真ん中の「フロー」というのは、夢中になっているとか没頭している状態のこと。**いかにフローのゾーンに自分をもっていけるかが、プロフェッショナルになるための大事な「資質」ということになります。**

アレンジとして、フロー状態の真ん中に点線を引いてみました。

図1の③は、能力よりちょっと背伸びして挑戦している状態。

図1の④は、挑戦より能力のほうが少し高い状態。職人さんがいつもの作業を集中してやっているようなイメージです。

フロー図の見方がだいたいわかってきたところで、先ほど志郎さんの話に出てきた状況をフロー図にあてはめていってみましょう（図2）。

まずは、ドリブルで階段100段を20往復してから学校に行く、というお題をやっているシーン。

最初から「夢中」でやっていたかもしれませんし、またはやったことがないので「不安」ゾーンから始まったかもしれません。もし、不安ゾーンからのスタートだとしても、やってみるうちにだんだんうまくなっていくと「能力」が上がって、フローのゾーンに入っていきます（ヨコの矢印）。

図２　夢中体質の人は「もっとうまくなりたい」と思う

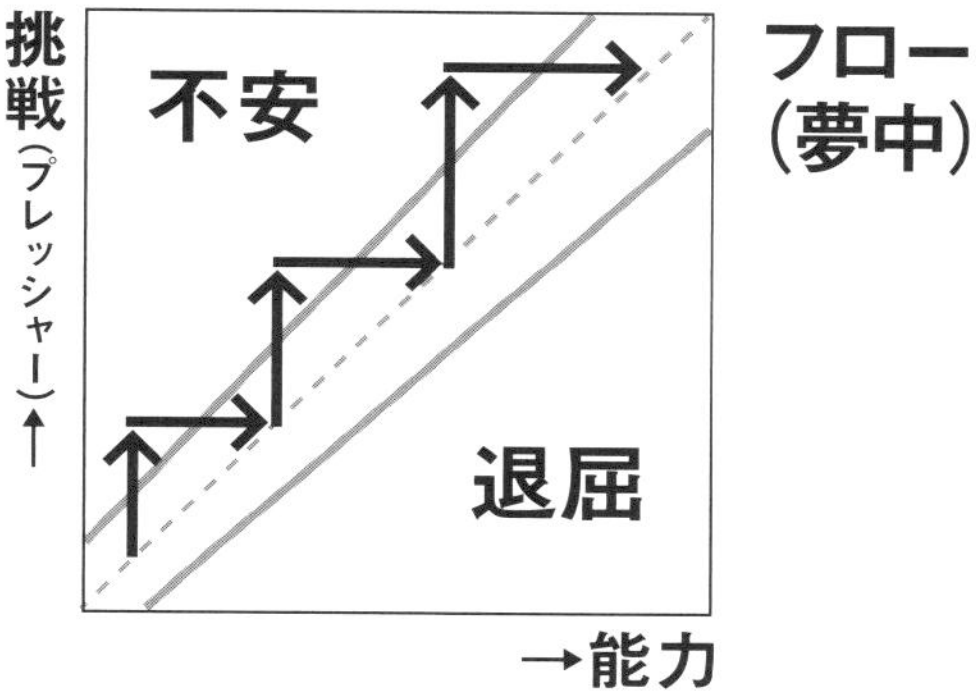

そこで満足するのではなく、「もっとうまくできるようになろう」と考えると、「挑戦」のレベルを上げることになります（タテの矢印）。そしてまたうまくなって、不安ゾーンからフローに入る。

こうして、夢中体質の人はどんどん上達していくわけです。

これに対して、いつまでもやらされ感満載の「モヤモヤ体質」な人はどうなるでしょうか（図3）。

不安ゾーンから始まって、うまくできるようになると一時的に「夢中」になりますが、「もっとうまくなりたい」と思うことなくそのままやり続ける（こなし続ける）ので、「能力」が必要以上に上がりすぎて退屈ゾー

図3　やらされ感満載の人は「不安」か「退屈」にいる時間が長い

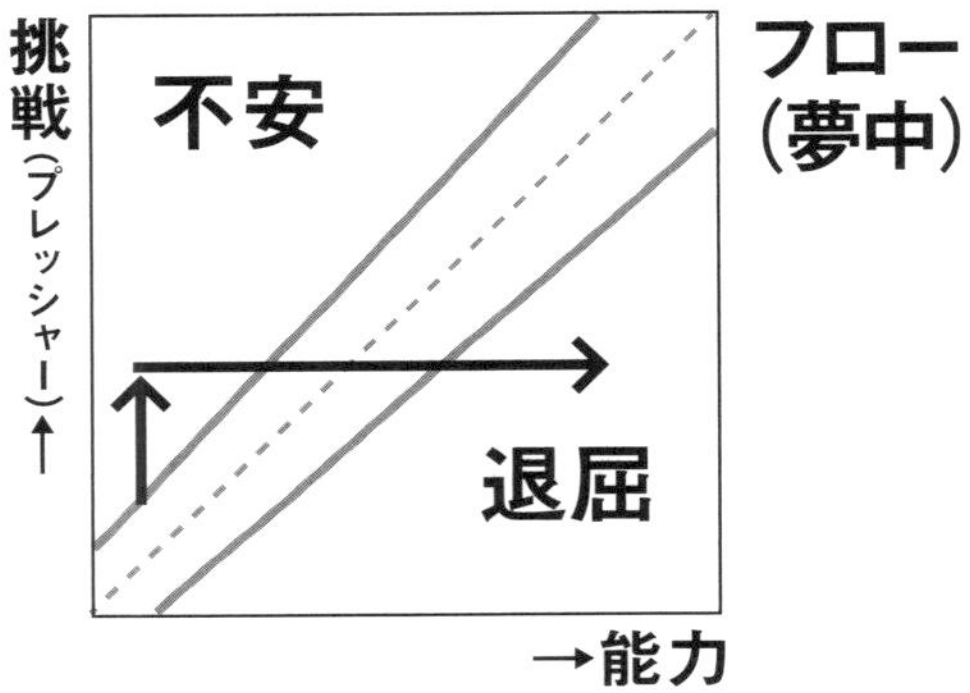

ンに突入することになります。

その結果、「不安」か「退屈」ゾーンにいる時間が長くなりがちです。つまり、上達が遅く、いつもモヤモヤしているわけです。

これは、会社勤めの人でも同じことがいえます。

たとえば、会社から与えられた目標を達成できないことが続いて夜も眠れないなら、不安ゾーン。組織の歯車になっているだけでつまらないと思っているなら、退屈ゾーン。

仕事で大事なこともサッカーと同じです。上司から出た「お題」を、最初はやらされ感でやり始めながらも、やっているうちに面白くなってきて、「もっとうまくなりたい」と夢中に取り組めるかどうか。

この夢中ゾーンに入っている時間の割合をいかに増やせるかが、サッカーを楽しむうえでも、人生を楽しく生きるためにも重要なのだと思います。

というわけで、フロー図で自分のポジションが「不安」か「退屈」にあるとわかったら、次は「どうすれば夢中ゾーンにいる時間を長続きさせられるか」を掘り下げて考えていきましょう。

サッカーの天才ではなく、努力の天才

あるとき、志郎さんに素朴なギモンをぶつけてみました。

——天才と言われるのって、どういう気持ちなんですか？

志郎　僕は15歳でプロになったときに天才ともてはやされましたけど、そう呼ばれるのには違和感がありました。自分ではサッカーの天才じゃなくて、努力の天才だと思っていたんですよね。

一流になった人はみな、「自分は誰よりも練習した」と言います。僕も、誰よりもサッカーに打ち込んできたという自負がありました。強い気持ちで人の何倍も繰り返しいろい

ろな練習をやってきて初めて楽しめるレベルまで到達できたのに、「天才」という一言で片付けられるのは心外でした。

まわりから「ちょっとやったら、うまくできちゃったんじゃないの？」とか、「志郎は何でも簡単にできる」みたいな目で見られるのは、自分のなかではすごく違和感があったわけです。そもそも元メジャーリーガーのイチロー選手しかり、どの世界でも努力しないで一流になる人なんかいないじゃないですか。そういう人たちがどれだけ努力してきたと思っているのか。

——志郎さんの言う「努力」と、世間一般の人が思う「努力」は、量だけでなく質が違うような気がするのですが、どうなのでしょうか。ふつうの人は同じことを繰り返しやっていると飽きちゃいますよね。

志郎　そうですね。**同じシュートを１０００回やる努力と、その次を想定して相手ゴールキーパーと駆け引きしたり、こうやったら面白いかなと楽しみながらしたりする努力は違います。**だから、飽きずにずっと続けられるんです。努力するのに飽きないっていうのも大事なことですね。

——同じことを繰り返しているのではなくて、新たに違うことをやっている感覚をもてているということでしょうか？

志郎　そうそう。毎回ちょっとずつ違うんです。納得いくまでやるとか、もっとうまくやる方法はないかとか。苦しい努力じゃなくて、楽しいと思いながら夢中な状態のまま、たくさん量をこなせるってことですね。要するに、自分では努力と思っていないわけです。

――解像度が高いから違いがわかるということだと思うのですが、たとえばドリブルだったら、どういうレベルで「違う」のですか？

志郎　帰り道の公園に、石とか枝が落ちているでしょ。あれを全部カンペキにドリブルでかわすんです。どんな小さい石でも、見えるやつは全部。だから、数センチ単位でボールをコントロールしないといけないんです。

パスもそうです。ディフェンスが精一杯足を伸ばしたときに、そのつま先の5センチ先にパスを出すようにするんです。それ以上離れると、ディフェンスは足を出さずに後ろへ戻ろうとするから守備を遅らせられない。でも、5センチ先だったら、思わず足を出しちゃうから相手を足止めできるんです。

しかも、相手にパスカットできそうと思わせるために、モーションはわざと届きそうなところに蹴るように見せかけます。そうしておいて、インパクトのときに角度をちょっとずらして触れないコースに蹴るとか、インパクトのときにちょっとスピードを速くするとか、5センチ先でもいろいろなパターンを試します。シュートも、理想はゴールキーパーが手を伸ばしても届かないゴールポストの内側に当たって入ることでしょ。だからねらって何回も練習していました。

――やはり解像度の高さがハンパない……。それはいくら時間があっても飽きそうにないですね。

志郎 そうですね。練習場をもう閉めるよ、って言われるまでやっていました。

サッカーは、個人技が勝敗に大きく影響します。うまい選手はキックやドリブルなど一人で延々と練習していて、たとえば、中村俊輔も毎日練習が終わったあと、30~40分、一人でフリーキックの練習をやっていました。

特に技術系は、うまくなりたいと思ったら、一人で黙々と練習するのが楽しいとか好きという感覚も必要です。やはり100回やるよりも1000回やったほうが絶対うまくなりますから。

そして、うまくなった人のほうがサッカーを楽しめます。シュートチャンスがあっても、ねらったところに蹴ることができない人はシュートも入らないので、「つまらない」となって長く続けることが難しくなります。その逆で、ねらいどおりに決められたら楽しいでしょう。

「いいスルーパスが一番かっこいい」という共通の価値観

――個人練習だけではなくて、集団練習でも同じことが言えますか？

志郎　僕が読売クラブに入ったのは小学4年生のときだったのですが、当時は、みんなが「いいスルーパスを出せるやつが一番かっこいい」という価値観をもっていました。

入団して最初の頃は、アウトサイドキックを知らなかったのですが、読売クラブのトップチームの選手はみんなパスを出す方向は見ないで、アウトサイドでスッとパスを出すんです。それを見て、「おお、スルーパスってああやって出すんだ」と感動したことを覚えています。

それから僕らは夢中になってスルーパスの練習をしました。毎日スルーパスを50回、60回と出すのですが、失敗ばかりでなかなかうまくいかない。成功率は10パーセントくらいでした。ただ、「なんだ、下手だな」と言われても、成功させたいという一心で夢中になって練習しました。

一方、そのパスを受け取るフォワードは「裏（背後）を取って、スルーパスを受けてシュートを決めるのがかっこいい」という価値観でした。スルーパスを出すほうは「できるだけディフェンスにはわからないようにスッと出すのがかっこいい」、その両方を合わせて点を取るのが「一番サッカーのうまいやつ」という基準がありました。

逆に、ディフェンスはそれをやられるのが一番ダサいということです。そういう攻防の練習を、笑いながら何度も何度も繰り返す時間がすごく楽しくて。

ミニゲームも2時間も3時間もやってました。チームにこのような土壌があったことがすごくよかったと思います。

——選手みんなが同じ価値観をもって練習するから、チームとしての価値観もそろって強くなるわけですね。

志郎　そう、みんな同じ感覚でつながっているんですよ。ゲームを繰り返すなかでたくさんトライして、「そんな強いパス出してどうするんだ」「パワーで通すなよ」「今の場面では、そっちじゃなくてこっちからパス出したほうがよくない?」みたいな感じで、みんなで意見を出し合うんです。**そうやってみんなで試行錯誤を繰り返しながら、最適解を見つけ出すということを夢中になってやっていた記憶があります。**

試行錯誤の仕方にもいろいろあって、たとえば出したパスがちょっと強すぎたら、次はちょっと弱くやってみる。それが弱すぎればもう少し強くしてみる。そんな微調整を繰り返していると、だんだんちょうどいい強さになってくるんです。

伸びない子は、この試行錯誤ができなくて、同じようなミスを繰り返してしまう。ずっと強いパスや弱いパスを出し続けて、逆のトライができないんです。うまい子は、それが試合中のその瞬間に自然にできている。

夢中になるには「どうやったら楽しめるのか」を自分で考える

――夢中で試行錯誤ができる子とできない子の違いって、何でしょう？

志郎　主体性ですかね。こういう練習は、子ども同士でやるのが一番楽しいんですよね。大人がいると、どうしても大人の視線やミスを気にして伸び伸び練習できないですから。

ＪＦＡアカデミーのときは、「今日は、コーチは何も言わないよ。失敗してもいいから自分たちで考えて、仲間と力を合わせていろいろやってごらん」という「ノーコーチングデー」を設定していました。

その日は基本的に、最初から最後まで子どもが自分たちで考えて練習します。メニューはコーチが決める場合と自分たちで決める場合がありますが、いずれにしてもコーチは見ているだけで、終わってから練習でのねらいや考えを確認していました。

もちろん、丁寧にきちんと教えられることも必要なのですが、深く関わると、コーチに見せるためにやる意識が出ることがあります。そういう悪い癖や習慣がいったんついてしまうとなかなか抜けきらなくて、そのせいで評価が下がる選手が大勢いるんです。子どもから悪い癖や習慣を早く取り除くことはコーチとして、もっとも難しいことの一つなので、子どもが自分たちで考えて、いい基準を身につけられるようにすることが重要なんです。

たとえば、「サッカーそのものを楽しみたい」「サッカーを通していい仲間を増やしたい」という目的が明確にあれば、やるべきことはだんだん見えてくると思います。

ですが、なんとなく保護者に勧められて始めたという子が多いから、保護者の反応を見てしまったり、保護者の期待が高くなればなるほど子どもは苦しくなってやめたくなったりします。

——保護者から「なんでできないの？」と言われたりするのは、さっきのフロー図でいうと、縦軸の「プレッシャー」が上がっていく状態ですね。

志郎　そう。不安ゾーンにいってしまう。子どもには思い切りやらせるだけでいいんです。「勝っても負けてもいいから、工夫しながら思い切ってやってこいよ」と言うだけでいい。

——保護者自身が不安ゾーンに陥っている場合が多いのかもしれません。「ウチの子はこれでプロになれるのか」みたいに。

志郎　ただ、保護者には悪気がないんですよね。子どもにとってよかれと思ってやってますから。でもそれが一番のネックで、子どもたちは「今日もうちの親、観にくるのかな」というプレッシャーを感じてしまう。グラウンドのギリギリまで近寄って、子どもから10メートルくらいのところで観ていたりしますからね。

ジュニアユースの面談で、「最近、子どもが試合を観にくるなって言うんですよ」と相談してくる保護者がいます。それに対しては、「子どもが嫌がってるんだったら、そっと陰から見守ってあげたらいいんじゃないですか。そういうときもありますよ」と答えています。

——先ほど志郎さんは、「そこまで努力して初めて楽しめる」と言われましたが、今のご時世、多くの人が「誰かに楽しまされる」ことに慣れてしまっているように見えます。子どもがゲームに夢中になるのは、ゲームクリエイターが知恵を絞って、いかにユーザーを夢中にさせるかを設計しているからです。そうやって「夢中にさせられている」だけの状態に慣れてしまうと、自分で夢中になるために状況をチューニングするとか、ルールをチューニングするとかの工夫ができなくなりかねない。だから、子どもが夢中になることに対して、まわりが親切すぎるのも問題なのではないかと思うのです。

志郎　そうですね。「人に何かやってもらおう」じゃダメですよね。言われたことだけやればそうなるかといえば、そうではない。「こうやったら楽しめるんじゃないかな」と自分で考えることが大事です。

読売クラブ時代、ミニゲームをやるときは、終盤になると負けているチームが逆転できるようにルールが増えていきました。

ワンタッチのシュートは2点とか、ヘディングは3点とか、ベンチをゴールにしているときはベンチに載せたら4点とか。みんなで「今、何点取りに行く?」と一生懸命考えて、「なんで1点のやつにしちゃったの」「今の状況ならヘディングで3点だろう」みたいな。

そんな感じで、最後まで楽しめるように自分たちでカスタマイズしていました。

夢中と必死の違いとは

――言われたことをやっている人は、夢中というより必死な感じがします。夢中と必死って、見た目とかパフォーマンスが高い状態は似ているけど、違いますよね?

志郎　全然違います。必死だけでは続きません。どこかで必ず切れてしまう。

日本の場合、子どもたちが勝つことだけに必死になっている姿をよく見ますね。それは日本の指導者が楽しむことより必死さを求めることが多いからではないでしょうか。それ

による犠牲はあると思います。

駆け引きというよりも、もう「このやり方をやれば勝てる」みたいなものを計画としてつくって、「みんなで必死にやるぞ」という感じで。必死でこなすというか。

――失敗が許されないというか。

志郎　失敗は成功の元で、失敗から学べば将来必ず役に立つ、人を成長させるものなのに、日本では子どもの頃から「失敗するな」って言われるのがよくないし、そもそもうまくいくばかりが幸せじゃないですよね。

結果に一喜一憂する感じは、僕が現在いる中国も含めてもどこにでもあるとは思います。でも、失敗を含めて得た経験に価値を置くというのは、すごく大事な考えだと思うんです。勝つときもあれば負けるときもあるから、将来をよくするためにはその経験を活かす必要がある。しかも、経験は次の世代にタスキリレーできますからね。

必死かつ失敗が許されない状態だと、「こうやったら楽しめるんじゃないか」というアイデアは出てこなくなります。常に夢中な状態だったら、いいアイデアがどんどん浮かぶんですよね。

僕が小学生の頃は、とにかく読売クラブのトップチームのサッカーが面白くて、「あんなサッカーがしたい」「ああいうプレーができる選手になりたい」という思いだけで、選手の動きをジーっと見てマネしていました。

みんな、ブラジルから来たジョージ（与那城）さんのプレーをマネしながら「ジョージ！」って叫んでましたよ。そして、少しでもできるようになると、「できるようになった！」という喜びを感じていました。

当時はまだサッカーのプロチームなんて日本になかったので、**プロ選手になってお金を稼ごうという気持ちも一切ない。だから将来の不安もなく、純粋にサッカーの楽しさのためだけに夢中になって、一生懸命サッカーに打ち込めました。**

ある意味、幸せですよね。アンダー（育成年代）の日本代表コーチだったときは、チームのメンバーにもよく「今を夢中になれない選手が夢を語るな」と言っていました。その日、その瞬間を目いっぱい全力でやっていない子どもには、「将来レアル・マドリードに行きたいなんて言うな」と。

――敷かれたレールの上でひたすらガマンしてストレスをためながら進むタイプ、夢のために今を犠牲にするタイプの人は大成しないということですね。

志郎　Ｊクラブのユースだって、プロになれるのは年に1人くらいですよね。それ以外の選手はプロになれない。プロになるというのは、それくらい狭き門で厳しい道です。プロという夢をかなえたいなら自分でいろいろ試行錯誤して、一生懸命工夫して、楽しんで夢中になってやるしかないわけです。

「ただプロを目指すだけ」の子になるんじゃなくて、楽しんでほしい。

社会に出て働くようになると、なかなか好きなことだけはやれないから、長い人生のなかでも10代は一番大事な青春の時期だと思うんです。

だからこそ、大人になって振り返ったときに、「若いときにいい時間を過ごしたな」「楽しかったな」と思えるように、その時期をいかに有意義に過ごすかを考えて行動してほしいと思います。子どもたちには、とことん夢中になってサッカーをやってほしいですよね。

保護者はそういう時期だということをわかったうえで子どもと接してほしいです。うまくいくばかりが幸せじゃない。失敗も必ず将来に役に立つのに、失敗するたびに説教したり、ダメの烙印を押したりしたら、嫌な思い出しか残りません。

「結果がすべて」はかっこいいけど、プロセスを犠牲にした結果しか出せないようだと長続きしません。いろいろな経験、特に過去の失敗体験があってこそ成長なのです。

大人になれば、いずれ「結果がすべて」という時期が来ますから、一生そんな時期じゃなくてもいいですよね。

【解説】夢中への道を阻む「燃え尽き症候群」のメカニズム

サッカーにしても仕事にしても、「幸せ」を考えるにあたっては、「人生のなかで夢中ゾーンに入っている時間の割合をいかに増やせるか」がカギになります。

そのためには、夢中ゾーンへの道を阻《はば》むものについて知り、意識的に対応できるようにしておくことが大事です。そこで、夢中を阻む典型である「燃え尽き症候群」について考えてみましょう。

高すぎる目標を背負ったプレイヤーが、「絶対に勝たなければ」と自分に言い聞かせて不安ゾーンで無理をし続けた結果、どこかのタイミングで気持ちが切れてがんばれなくなるということがあります。

そのような燃え尽き症候群のパターンを、フロー図にあてはめてみましょう（図4）。

高すぎる目標を背負うと「不安」になります。必死でやっていくうちに達成すると目標が上がり、さらに高いレベルのプレッシャーがかかります。そうやって「不安」ゾーンにいることが常態化します。

大会などが終わって、挑戦する気持ちが切れた途端、図でいうと「挑戦」の位置がドン

図4　燃え尽き症候群をフロー図で考えてみると

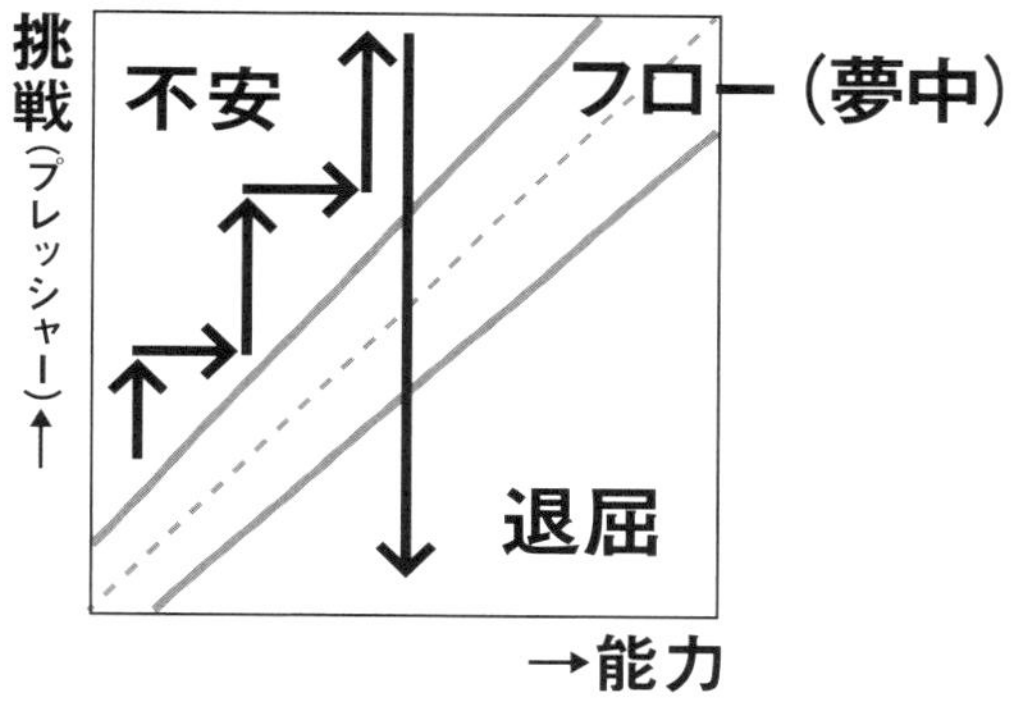

と下がって、不安ゾーンから退屈ゾーンに突入するわけです。

つまり、高すぎる目標を「必死」で追っている場合、やる気を出せば不安ゾーン、やる気をなくせば退屈ゾーンということになります。「必死」は、必ず不安か退屈に向かうモードなのです。

必死と夢中の違いについて、掘り下げてみます。

必死は、「期限までに結果を出さなければいけないプレッシャーに駆られている状態」です。目的は「結果を出すこと（結果目的）」なので、失敗は許されません。プレイヤーは「結果を出せなかったらどうしよう」という恐れと不安をもちながらプレーしています。

これに対して夢中は、「時間を忘れて〝今ここ〟のプロセスに没頭している状態」です。目的は「目の前の作業を楽しむこと（プロセス目的）」であって、結果を出すためだけにやっているわけではないので、「失敗したらどうしよう」という恐れや不安もありません。


というわけで、「サッカー（仕事）は必死でやるもの」と思い込んでいると、そこから抜け出す道が見えなくなってしまいます。

では「夢中」を目指すために、どうするか。

もし「挑戦」の難易度が高く、プレッシャーが強すぎることがパフォーマンスを下げている原因だとしたら、一時的に目標を下げてもらうという選択肢も有効かもしれません。

ただし、安易に挑戦をやめる逃げ癖がつくと、やっていることにすぐ飽きて退屈ゾーンに入りやすい体質になります。

なので、基本的には「能力」を高めることを考えます。繰り返しチャレンジしながら学習することで、夢中ゾーンに近づくことができます。

また、指導者や上司から高すぎると思われる目標自体を下げてもらえなくても、自分で小さな挑戦を考えて「まずはこれを達成しよう」と取り組むことで、夢中ゾーンに近づくことはできます。これを「難易度のチューニング」といいます。

このようにして、常に自分が夢中ゾーンにいられるように、挑戦と能力のチューニングを変えながら過ごす。これが、夢中ゾーンの割合を増やすコツです。


実践例として、筆者が最近、「この考え方を活用してリフティングをやってみた話」を共有させてください。

普通リフティングをするときは、落とさずに何回できたかを数えます。「前回よりも記録を伸ばさなければ」というアタマがあると、「あと10回で記録更新！」くらいのところまできたときにミスすることがよくあります（経験者ならわかってもらえるはず）。再チャレンジを繰り返しつつ、記録が伸びていくうちは楽しいのですが、記録更新できないことが増えるとつまらなくなってきます。

そこで、自分のなかでルールを変えて、「落としてもいいので１０００回やる」ことにしてみました。

その結果、何回も落としたのですが、

・上半身が力まなくなった

・プレーに安定感が増した
・ミスしてもいいので、大きめに蹴ったり、肩やアウトサイドを使ったりしやすくなった（遊びの余地ができて楽しい）
・蜂がブーンと飛んできても（失敗しないかと）ビビらなくなった

といった変化がありました。

「ミスしてもいい」という心理になるだけで、「失敗したらどうしよう」という不安が消え去り、「今ここ」に没頭しやすくなったことを実感できました。また、回数を伸ばすことだけを意識していたときと違って、ボールの感触を味わうこと自体が楽しい、という感覚も得られるようになりました。

しかも、「落としてもいいので1000回やる」を継続するうちに、だんだん落とす回数が減っていき、いつのまにか、「あれ、今500回落とさないでできたな」みたいに連続記録も更新されるようになりました。

かつ、時間も早く終わるようになったので、目標の1000回を1300回、1500回と増やすうちに、持久力も上がってきました。

「失敗してはいけないルール」で壁にぶち当たったまま練習するより、明らかに短時間でうまくなったので、「挑戦目標のもち方一つで、パフォーマンスというのはこんなに変わるものか」と実感したのでした。

やったことは、自分で「失敗してもいいルール（夢中になりやすいお題）」をつくっただけです。決して「結果を出さなくてもいい」と考えたわけではありません。

プロセスについて、「不安・退屈ゾーンから夢中ゾーンにシフトできるように工夫すれば、結果もついてくる」ということを体験的に理解したのです。

この「落としてもいいので1000回リフティング」を、未体験の方はよかったら試してみてください。自分でルールをチューニングするコツがつかめると思います。

第2章

強いチームを育む組織文化

「強いチームとは何か」を考えるにあたっては、志郎さんの「読売クラブ／ヴェルディ」トップチーム時代のエピソードがものすごくヒントになります。

筆者は、チームビルディングを専門分野の一つにしています。『GIANT KILLING』（ツジトモ、原案・綱本将也　講談社）というプロサッカークラブの監督が主人公の漫画があるのですが、その漫画を自由に使っていいという許可をいただいて、『今いるメンバーで「大金星」を挙げるチームの法則』（講談社）という本を出してもいます。

いろいろな「よいチーム」を研究している立場から見て、志郎さんたちが日本リーグやJリーグで優勝し続けて黄金時代を築き上げた裏側は、チームビルディングのお手本ともいえる実践エピソードの宝庫でした。

そこで、この章では「チームの成長ステージ」という考え方（理論）をお伝えしたうえで、その「チームビルディングめがね」をかけて志郎さんの話を聞いていく形で進んでいきましょう。

【解説】チームの成長ステージ

「チーム」と似た言葉に「グループ」があります。この二つは同じ意味でしょうか、違う意味でしょうか。とっかかりとして、「チーム」や「グループ」がつく言葉を思い浮かべてみます。

スポーツチーム、サッカーチーム、日本代表チームとは言いますが、日本代表グループとは言いません。「チームワークがいい」とは言いますが、「グループワークがいい」とは言いません。「チームビルディング」とは言うけれど、「グループビルディング」とは言わない。「仲良しグループ」の「グループ」にはネガティブな意味合いがある。ワールドカップの「グループリーグ」のなかには、4カ国の「チーム」が含まれている。

という感じで、言葉としては使い分けているのがわかります。どちらかというと、グループよりチームのほうがよさそう（強そう？）な印象です。

そこで、ここでは「グループをチーム化する」ことをチームビルディングと呼んでいきます。

チームの成長は、イモムシがサナギになり、チョウになるイメージと似ています。それをそのまま三つのステージに分類します。イモムシが「グループ期」で、サナギが「カオス期」、チョウが「チーム期」です。つまり、「グループがカオスを経て、チームになる」という見方をします（図5）。

図5　チームの成長ステージ「イモムシ・チョウ理論」

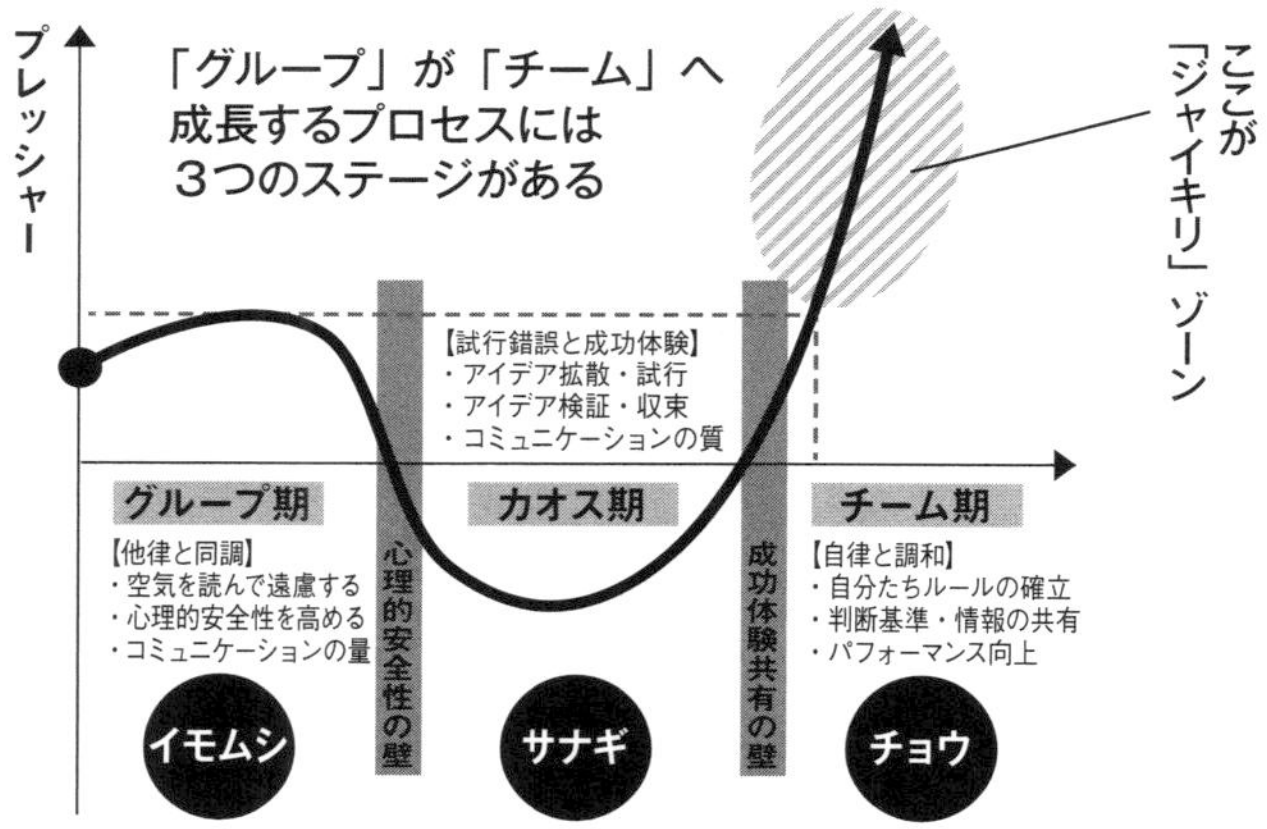

イモムシは歩くことができます。サナギになると動けなくなってパフォーマンスが下がったように見えますが、いざチョウになるとより速く動けるようになるし、そもそも飛べるようになっているので、イモムシのときのベストパフォーマンスを100とすると、100を超えるパフォーマンスを発揮できるようになります。

カオス期は各メンバーが自分の意見を場に出し、「試行錯誤」しながらすり合わせていきます。そのうち小さな成功体験が生まれ、次第に大きな成功体験へと試行錯誤を繰り返すことによって、「自分たちのやり方」が確立するのがチーム期です。

それぞれのステージをくわしく見ていきましょう。

①グループ期（他律と同調）

リーダーの「指示命令」で動くステージです。メンバーが集まったばかりで行われる、「日本代表監督が代わって初めての合宿」が典型です。お互いのことを知らない選手もいるし、これから何がどうなるのかもわからない。そういったとき、人は不安を抱いたり緊張したりします。

ギモンや意見があっても、いきなり「これは何のためにやるんですか」などと言って「あの人、変わってるよね」と思われると嫌なので、とりあえずは空気を読んで、遠慮して黙っておこうとしがちです。役職の高い人や前でしゃべっている人（形式的リーダー）の話を聞いて、言われたことをやっておこう、という受け身の姿勢になりやすい（他律と同調）。これが「グループ期」の特徴です。

役職の上下が決まっていない場合は、よくしゃべって仕切ろうとする人や声の大きい人が影響力をもちます。

コミュニケーションの量が増え、お互いの人となりがわかりはじめて、「このメンバーなら、ここまで言っても大丈夫そうだ」というライン（心理的安全性）が見えてくると、それが次のステージに進むきっかけになります。

②カオス期（試行錯誤と成功体験）

「ここまでなら言っても大丈夫」という心理的安全性ができあがると、みんなが意見を出し始めます（アイデア拡散）。なかにはバッティングする意見も出てくるので、カオス状態になって仕事が進みにくくなります。

「どうする、どうする？」とみんなで試行錯誤しながら、うまくいったアイデアに絞り込んでいきます（アイデア収束）。自分の意見を場に出すことで、メンバーにとってやらされ感のある「他人ごと」だったかもしれない課題が「自分ごと化」していきます。

こうして「わちゃわちゃ（試行錯誤と小さな成功体験）」を繰り返しながら、グループがチームに「変態」していきます。

③チーム期（自律と調和）

成功体験を繰り返しながら、「自分たちルール（自律）」が定まっていきます。

自分たちのパフォーマンスが上がるやり方が暗黙のうちにだんだん形になっていき、それを言語化すると形式知化されたルールや規範（共通言語）になります。「各メンバーの強みを活かした役割分担」も決まっていきます。

お互いの凸凹がパズルのピースのようにぴったりとハマり、真の調和、いわゆる「息が合った」状態になります。

サッカーの代表戦が終わったあとのインタビューなどで、「今日は日本らしいサッカーができました」という表現を聞くことがありますが、もし選手へ個別に「日本らしいサッカーってどんなサッカー？」と質問したときに、全員が同じことを答えられるのがチーム期の特徴です。

もし選手によって「組織が大事なんで」「やっぱり個の力が足りない」などバラバラなことを答えているようであれば、まだグループ期にとどまっていると考えられます。

【解説】「グループ体質」な日本人

格下が格上に勝つ「ジャイアントキリング（大金星）」が起こるのはどういうときかというと、格上のほうがイモムシ（グループ期）で、格下のほうがチョウ（チーム期）になっているときです。

組織づくりではイモムシのまま完成度を高めるという選択肢もあり、イモムシ対イモムシの場合には大きいほうが勝ちます。ジャイアントキリングは起こりません。

日本人はグループ期にとどまりやすい性質があります。言いたいことがあっても空気を読んで黙っておこうとしたり、せっかくカオス期にさしかかって異なる意見が出るようになっても、対立が起こるのはよくないことと判断して、「まあまあ、そんなこと言わないで」と仲裁したりすることでグループ期に引き戻しがちです。

筆者はこれを「グループ体質」と呼んでいます。これに対して、海外では文化的に「自己主張から始まるのが当たり前」の国や地域が多いので、「カオス体質」の人が多いといえます。

グループ体質が強い人は、カオス状態を好まない（雰囲気が悪くなったと感じる）傾向があります。組織をつくるにあたっても、グループ期のままで100点を取りに行くことを目指そうとします。

「リーダーが正解をもっていて、メンバーが指示どおりに動くことで結果が出るような仕事」の場合は、それで成功できます。でも、うまくいっているうちはよいですが、結果が出なくなった途端に、他責モードや犯人探しになりやすいのがグループ期の特徴です。「自分はちゃんとやったのに、誰かがちゃんとやらなかった」とお互いが思っています。

では、グループ期からカオス期に進むためにはどうすればよいかというと、「心理的安

全性」を確立できるかどうかがカギになります。

サナギというのは、外側が殻に守られていて、内側で細胞（組織）の組み換えが行われるといいますが、心理的安全性はまさにその「サナギの殻」にあたるイメージです。

【解説】心理的安全性のつくり方

グーグルが社内でうまくいっているチームを研究していったところ、その共通点として、「みんなが言いたいことを言い合える関係性がある」という結論にたどり着きました。それが「心理的安全性」というチームビルディングのキーワードとして注目されるようになっています。

思っていることを言っても評価を下げられない、非難・攻撃されない、自分の立場が危うくならないと感じられる状態が「心理的安全性」です。

心理的安全性が確立されると、みんなが自分の意見を場に出せるようになるので、そのうち「それよりこうしたほうがいいんじゃない？」と両立しないアイデアが出て、「どうする？」「どっちがいい？」「とりあえずB案も試してみる？」など、自然とカオス期に移行するようになるのです。

では、心理的安全性を確立するにはどうしたらよいか。コミュニケーション量を増やして、相互理解を進めることです。具体的には、

①「譲れない価値観（地雷の場所）」を共有しても大丈夫だった
②凹（弱みや苦手なこと）を隠さず、さらしても大丈夫だった
③アホなアイデア、採用されないアイデアを出しても大丈夫だった

という実績を積み重ねていって、「こんなことを言っても自分はここにいていいんだ」とか、「ここをみんなに理解してもらえているなら本音で話せる」と思える人が増えていくことがポイントになります。

その前提として、コミュニケーション量を増やすためには「雑談」が有効です。

普段からたくさん雑談して、「この人はいい人だな（悪い人じゃないな）」と思える関係をつくっておければ、仕事で意見が対立したときも、お互いに「じゃあ、どうやってすり合わせようか」と柔軟かつ建設的な姿勢でカオス期を乗り越えやすくなるわけです。

逆に、グループ期で相互理解が進まないままに意見が対立すると、お互いに「あいつは敵だ（嫌いだ）」みたいに思ってしまいがちです。それだともったいない。

なお、集団がうまくいっていないときの原因としてもっとも多いのが、心理的安全性が確立しないグループ期のままコミュニケーション不全に陥っているパターンだと思われます。

さて、ここまでお伝えした「チームの成長ステージ」の視点を踏まえつつ、志郎さんの話を聞いていきましょう。きっと面白さが倍増するはずです。

勝つために、思ったことはとことん言い合う文化

志郎　読売クラブのときは、グラウンドに入ったら上下はなく、言いたいことを言い合っていました。やはりみんな勝ちたいし、個人としてもいいプレーをしたいから、ピッチの中だともうガツガツ削り合ったり、味方への要求も厳しくしたりします。もちろん自分にも厳しい。

でも、終わると尾を引かないというか、**ピッチを出ると「家族」という感じで仲の良い状態に戻っているんですよね。ブラジル人の価値観がそうなんです。**

日本人の場合、削られると、終わったあともずっと「あいつ、やりやがったな」みたい

に引きずるじゃないですか。でも、読売クラブの場合は、バーっと削っても「試合中だからしかたがないよ」でスパッと終わる（笑）。これには日本の常識っぽくなくてびっくりしました。

上下関係はあまり厳しくないですね。とはいえ、年下の子は年上の人に対して尊敬の念をもって接しているし、上の人は下の子をかわいがるし、厳しくもします。愛情があるから、「みんなうまくなりたいんだな」とか「こいつ、こういう思いをぶつけてきたな」というのがわかるんです。

——もっとも印象に残っている言い合いは、どういうレベルのものですか？

志郎　ラモスさんと都並さんが、国立競技場で日本リーグの試合中なのに、左サイドで1分間くらいプレーについて言い合いをしていたことがありました。プレー中でボールが動いてるのに。それくらい言い合いはしていました。

——そういう文化はどうやってできたんでしょう？

志郎　ブラジル人選手の影響じゃないですかね。ブラジル人は、ピッチでは激しいんだけど、試合が終わるとすごくフレンドリーなんです。その感覚が松木さんや都並さんに乗り移り、試合中はすごく厳しいけど、終わったらみんなで仲良く遊びに行くという感じになったのだと思います。

もちろん、他クラブにも外国人選手はいましたが、たぶん人柄じゃないでしょか。同じブラジル人でもラモスさんみたいに陽気な人もいれば、オスカー（元日産自動車）とかドゥンガ（元ジュビロ磐田）みたいにまじめなブラジル人もいますからね。

――松木さんや都並さんのようなムードメーカー的な強みのある人が、その色に染まっていくとチーム全体に広がりやすいとか？

志郎　あると思います。松木さんや都並さんはブラジル人の特徴を吸収して、自分自身がどんどんブラジル人になっていきましたから（笑）。

――話を聞いてくれるとか、引き出すようなコミュニケーション、対話みたいなものも日常的にありましたか？

志郎　僕がプロになりたての不安な時期に監督だった千葉進さんや、コーチだった奥田卓良さんは、人柄もすばらしく何でも話しやすかったです。

特に奥田さんは、全体の練習後もつきっきりで個人練習をしてくれました。僕を成長させるために本気で愛情を注いでくれた、理想のコーチでした。選手では、都並さんやキュウ（加藤久）さんなどもコミュニケーションがうまかったですね。

チーム内での人間関係はすごく大事です。個人だけで考えていてもダメだし、仲良しグループになるだけでもダメなので、個人でできる部分と、グループやチームとしていい方向に進むための部分と、両方を学ぶということが重要です。

それに加えて、個人としての目標とチームとしての目標が明確に重なり合うと、いい方向に変化するスピードが加速することもあります。

読売クラブの上の人には、「他人と一緒じゃ嫌だ」という感覚の持ち主が多かったです。

Jリーグが始まるときに、クラブが「とにかく自分自身のサポーターを増やしなさい。そのためには魅力がないとダメだ。何でもいいから自分の魅力を思い切り出しなさい」と言ったんです。

「かっこいいこと」が、読売クラブの人たちの一つの重要なアイデンティティでした。だから、みんな「サッカーがうまいだけじゃなくて、私生活も私服姿もかっこよくないといけないし、大勢の人に憧れられなければならない」という信念をもっていました。

僕には僕のプレースタイルがあったし、都並さんには都並さんの、ラモスさんにはラモスさんの、カズ（三浦知良）にはカズのスタイルがあった。**いろいろな際立った個性がありつつ、チームとしてもまとまりがありました。**

「あうん」で通じるプレーの秘訣は「試合後のシェーキーズ」

志郎　読売クラブのときは、国立競技場で試合をやったあと、みんなで原宿のシェーキーズへ行っていたんです。みんな、最初のほうは疲れているからピザやお酒を飲み食いしながらプライベートの話や美味しいレストランの話などで雑談をするんです。

でも、2時間くらいたつと、誰かが試合のことを話し始める。するとだんだんみんなそれに乗ってきて、議論が白熱してくる。結局、19時くらいから朝まで熱く語り合っていたそうです。僕は高校生だったので、電車があるうちに家に帰りましたが。

――それはつまり、みんなで振り返りを行っていたということですか?

志郎　そうそう。みんな、サッカーの話になると黙っていられないから、「いや、あのときはさ」みたいに、どんどん話に入ってきてね。話の内容は、相手の特徴とか、「あのシーンの相手のねらいはこうだったんだから、もっと早く気づけよ」とか「ここに誰々が出たときは、ここに早く戻らなきゃいけないだろう」とかすごく細かくて。特にラモスさんはすごくよく見ていて、「あいつがこうなると、必ずこいつがこっちに動くから、そのあとは必ずここが空く」とか相手のこともよくわかっていて、「やっぱりここでやられたよな。次は絶対、ここをやらせるなよ」「ああいうときは、ここで出てくれ」と次の改善点を含め、すごくくわしく話していました。

みんなお酒を飲んで熱くなってるから、「あそこはおまえがやれよ」「いや、あそこは無理無理、行けないよ」みたいに激論を交わしていました。

当時、僕は15歳だったしお酒も飲めませんから、いろいろな人の様子を観察して話をじーっと聞きつつ、「この人はこういうことを言うんだな」とか「みんなすごく細かい話をするんだな」って驚いていました。

——その振り返りは、まさにカオス期からチーム期に移行するコミュニケーションですね。みんなの視点や価値基準がすり合わされて共有されていくプロセスがうかがえます。しかも解像度がめちゃくちゃ高いですね。

志郎　読売クラブのアカデミーだと、中学生くらいまでは、いつも自分たちが好きなようにプレーできて大差で勝てていたから、振り返りをしても相手のことや自分たちの課題などはほとんど出てこないんです。だけど、トップチームに上がってシビアなゲームになってくると、すごく相手のことを研究しているんだなと驚いたんです。

僕は高校1、2年生で、大人に混じってそういう会話をずっと聞いていたことで、「チームが強くなって勝つためにはこういうコミュニケーションが必要なのか。これによって、みんなわかり合うんだな」ということがなんとなくわかりました。

しかも、そのときにみんなで話したことが次の練習や次の試合で自然に出てくるんですよ。だから、「お酒を飲んでいても、みんなしていた話は忘れてないんだな」って尊敬していました。

そういったサッカーに関するいろいろな話を、練習でも試合のあとでも至るところでみんながしているのを間近で見ていたので、「これが普通だ」という感覚になりました。

──「グループ体質な日本」においてはかなりレアな環境が普通、という育ち方をしたわけですね。

志郎　当時の読売クラブでは、監督から選手に話すことの10倍から20倍の量を選手同士で話し合っていました。選手同士のコミュニケーション量がものすごく多いから、お互いに思っていることが全部わかっているという状態でした。

だから、みんなプレーに迷いがない。ピッチの中で、いろいろな問題が起こってもすぐに選手間で解決して、どんどん修正されていく感じでした。

そもそも一人ひとりの選手としての能力が高いうえに、さらにチームとしてのまとまりもどんどん強くなっていくわけだから、圧倒的な強さになるわけです。当時は個々がうまいだけだというふうに見られていましたが、実は違うんです。

ヴェルディから読売クラブの良さが減っていった理由

——読売クラブやヴェルディが強かったのは、そういうことだったのですね。カオス期を超えてチームになる「対話の文化」があった。

志郎　これは僕個人の意見なんですが、ヴェルディからも少しずつ読売クラブの良さが減っていきました。Jリーグになって、個々の人にスポットライトが当たってきたことが大きいと思います。

Jリーグの最初の頃は、それまでの貯金で勝てていたんだけど、何年か経つと、だんだん読売クラブの良さが薄れていってチーム全体がしっくりこなくなっていった——と、僕は感じているんです。個とチームワークのバランスが大切。サッカーは本当に難しいと思います。

——完成したチームワークにも賞味期限があるということですね。シェーキーズでの振り返りはどうなったんですか?

志郎　Jリーグになってからは、試合後にサッカー番組に出演するなどメディア対応をする選手がいたり、いろいろなところからお呼びがかかったりして、みんなが集まれるような状況ではなくなってしまいました。

――みんなでの振り返りをする文化がなくなった？

志郎　そういうことですね。

――チームワークの源泉はメンバーの関係性にあって、メンテナンスしないと賞味期限が切れてしまうことがある。その点、長期で安定した強さという意味で、鹿島アントラーズはどうなんでしょう？

志郎　鹿島は守備が強いですよね。仲の良い元代表のセンターバックに聞いたところによると、Jリーグの最初の頃は11対6で守備の練習をしていたそうです。守備は4バック、ダブルボランチの6人。攻撃は11人で、30分やって取られるのは1点くらいかな、と。その人数差なのに30分で1点しか取られないんだったら、守備は強いですよね。

守備の堅さという伝統は今も続いていますね。だから、柴崎岳は鹿島へ行って、守備の部分が変わりました。守る強さはありますね。

――ジーコイズムの影響は大きいでしょうか。

志郎　そうですね。やはり勝つためという目的意識とファミリーという意識が強い。ブラジル人はみんな、ファミリーという言葉を大事にしています。

なあなあの仲良しじゃなくて、いいときも悪いときも、必要なことはお互いにしっかり

と強く言い合うというのが本当の家族という考え方。家族だからこそ、だらしないチームメイトがいたら、きつく叱る。彼らにとってはチームも仲間もみんな、本当の家族と同じくらい大事なんですよね。みんなが幸せじゃないといけないと思っている。

——その土壌が失われないように、人の入れ替わりも一貫性がある感じで行われているように見えます。だから、ずっと強さの賞味期限が続いている感じがする。

志郎　そう。だからずっと崩れないのです。どのチームもガクッと落ちる時期があるんだけど、鹿島にはない。立地だけを考えれば、鹿島という地域に選手を集めるのは、すごく難しいと思うんですよ。東京や横浜、大阪や神戸のような都会的な便利さはない。

でも、いい選手たちが鹿島に行くんですよね。そこにはスピリットなのか、選手として成長できる環境なのか、やはり鹿島にしかない魅力があるんでしょうね。植田直通もいろいろなチームが食指を伸ばしましたが、最後には鹿島を選びましたからね。

——崩れないためには、なぜうまくいっているのかを言語化できていて、みんなで共有できている状態が大事だと思います。そうしないと、人が入れ替わってきて、違う価値観の人が影響力をもったときにチームの文化が薄まったり、逆方向に変わっちゃったりするんですよね。

志郎　ヴェルディでも、監督が代わってサッカーがガラッと変わることがありました。

もちろんどこのクラブも勝利を目指して強いチームをつくるのですが、一番重要なのは、いかに改善しながらもクラブの伝統を絶やさずに継承していくかということですよね。本当に良いものが多くの人に共有され、さらに世代を越えて受け継がれていくと伝統になります。

スペインのＦＣバルセロナも、クラブのアイデンティティをもった人たちをつなぎ、文化を継承してきました。ヨーロッパやブラジルの場合は「よいプレーとはこういうもの」ということが、みんな素人でもわかっていると思います。よい価値観を共有するというのはすごく大事なことなんです。

よい価値観や美学を継承するには

――そのあたり、ヴェルディ以前の読売クラブの環境はどういうふうになっていたんでしょう？

志郎　読売クラブには美学というか、その態度やプレーが「かっこいいかダサいか」という価値基準がかなり明確にありました。雑なプレーやミスを他人のせいにするような振る舞いに対しては「ダサい」という感覚でした。人に文句を言う選手は「それはおまえが下手なだけだろ。ちゃんとやれよ」って言われるし、雑なプレーをした選手も「パスをピタッと出せるのがかっこいいんだろ」と言われる。そのようなしっかりとした価値観や基準は、できるだけ若いうちに確立されたほうがいいんです。

——よい価値観を共有、継承するにはどうすればいいのでしょうか？

志郎 大人と子ども、みんながうまくつながっていることが大事です。幼い頃から一流の選手たちを間近で見る機会が多いことによって、「これがよいプレー、これはダメなプレー」という判断基準が子ども時代に確立できるのだと思います。しかし、日本の子どもたちはそんな機会が少ないので、よいプレーと悪いプレーがあまりわからないんですよね。

——何をするにしても、カテゴリー分けしてやりがちですね。同じ学年だけとか、同じレベルの子だけとか。ブラジルのストリートサッカーなんかは、大人も子どももごちゃ混ぜですよね。

志郎 そのとおり。南米はミックスしてますね。大人と子どもが常に一緒になってプレーする。**おじいちゃんがすごいテクニックを披露したりして。ヨーロッパでも大人と子どもがいつもいろいろな話をしています。しかも対等に近い感じです。中国の今のクラブでも中学生の選手が僕に自分の意見をしっかり伝えてきます。年下が「こうだ」と言って、それが正しければ年上でも「ああ、そうだね」と納得します。**

日本の場合は大人と子どものテリトリーが分かれすぎていて、子どもは子ども同士、大人は大人同士で行動します。だから日本の場合は公園でストリートサッカーをやっていても、子ども対大人になりがちで、大人が変に気を使いながら手加減してやっている。

何か一緒にするときも、大人と子どもは完全に上下の関係だから、子どもは大人から何か言われたらとりあえずうなずくしかない。そうすると、子ども同士の社会にも変な上下の価値観が生まれて、強い子にとって都合のいい「強者の論理」がみんなに共有されてしまうのです。

大人はそんな子どもたちの社会が見えないから、何が起こっているのかわからない。だからいい価値観、いい習慣が子どもの間でなかなか定着しない。

でも、**読売クラブのときは、年上との関わりがすごく多かったです。ピッチの周辺に子どもも大人もいたから、みんなごちゃ混ぜでいつも練習前にほかのカテゴリーを見たり、しゃべったり、一緒にミニゲームをしたりしていました。**

学年を超えて中学生や高校生のうまい人たちが、「これがいいプレーだぞ。もっとこうしろ」とアドバイスしてくれました。トップの選手たちも子どものゲームにふらっと入ってきて、「そんなとき、ボールはこうやって出すんだよ」と教えてくれていました。

年齢やカテゴリーを問わず、何でも話せるし、聞きたいことは何でも聞けるし、何でも教えてくれていました。

自分でも、うまい人と下手な人、いいプレーとダメなプレーが明確だったから、よく見てうまい人のいいプレーを盗んでいました。だから読売クラブでは、下の世代の選手たちは上を慕っていき、それを見て上の選手たちが下の選手たちをかわいがる。だからいい伝統が継承されていくわけです。

大人も子どもも男女も混ざってプレーする文化

――それも継承しようと思ってしているわけじゃなくて、日常的にそういうことがなされているんですか？

志郎　そうです。読売クラブやヴェルディのいい価値観が、交流しているうちに自然に伝わっていくんです。小学生だった僕も大人のなかでよく練習させてもらっていたのですが、そのときの「大人のプロ選手はこんな感じだったよ」という経験を仲間や後輩に話していました。すると彼らも、「大人のトップの選手ってそうなんだ」というのがわかるじゃないですか。

以前は、澤穂希や大野忍、永里優季などの女子選手も男子とよく練習していました。ディフェンダーの岩清水梓は2011年のFIFA女子ワールドカップで優勝したあとの話のなかで、「いつもヴェルディの男子高校生や、都並さんや志郎さんらスタッフと試合をしていました。それに比べたら、いくらドイツ代表やアメリカ代表の選手がすごくても、技術や当たりもそれほどではなかった」と言っていました。**つまり、彼女たちは日常的に女子の世界のトップよりもうまい人たちとずっと練習して慣れていたから、本番でもメンタル的にそんなに負担にならなかったということです。だから、ワールドカップでの優勝は必然だったと思います。**

ただ近年、カテゴリーがはっきり分かれてからは、上下間、男女間の交流がすごく減りました。コーチも自分のチームだけしか見なくなってきて、いい価値観や技術が伝わりにくくなってきたというのはあります。女子も男子と別の場所で練習するようになって、「女子サッカーになってしまった」という女子の指導者もいました。

――いい価値観や技術が伝わるのって、「教え方のうまさ」とはまた別物ですか?

志郎　いわゆる「教わったもの」だけでは実戦で使えないことが多いです。なぜなら、教わったときと状況が違うことが多いからです。たとえば、今すごく「ボールが来る前にまわりを見なさい」と教えられる。

でも、読売クラブのときは、まわりを見ていないとボールが回ってきても後ろからガバ

ーッと蹴られる。「まわりを見ていないとやられる」という感覚なので、まわりを見ない選手なんかいなかったし、「まわりを見ろ」なんて言う人も誰もいなかった。注意深いとか、野性的というか、当たり前でした。

今は平和で安全になりすぎていて、スマートフォンを持って下を向いて、イヤフォンを付けていても、生きていける世の中なのかもしれない。

ヴェルディの場合は、まだその実力が備わっていないときに、子どもをあえて少し上のレベルのカテゴリーに放り込んでいました。

これによって「今の自分には何が足りないのか」を感じさせて、また元のカテゴリーに戻し、「どうだった?」って感想を聞くんです。「スピードが速くて、判断が追いつかないです」と答えると、「じゃあ、普段からもっと判断を早くするためのことを考えなきゃいけないね」と言うし、「左足でボールを持ったとき困りました」と答えると、「じゃあ、左足の練習をもっとしなきゃね」と言っていました。

——前出のフロー図(33ページ)でいうと、あえてプレッシャーの強い「不安ゾーン」に飛び出すことで成長が促進される場合があるということですね。課題が明確になるきっかけをつくってあげる。

志郎　そう、きっかけをつくってあげる。「1年後、あのステージでプレーするためには何が足りないの？」ということを、子どもと一緒に考えることが大事なんですよね。

逆に今見ていると、美学のない大人が「これがいい」と言っているプレーを、子どもは「え、それ？」と思っていることも多いですよね。

僕が読売クラブで「そうだよな」と納得できていたのは、それだけ大人から「美学のあるもの」が提供されていたからかもしれないですね。

大人は子どもにいいものを与えなきゃいけないし、いい感覚を身につけさせなくてはいけない。これはスポーツに限らず、仕事でも人生でも同じですよね。

【解説】「チームの成長ステージ」へのあてはめ

志郎さんの話から、読売クラブが「チームの成長ステージ」でカオス期を超えた「真のチーム」になっていることが随所にうかがえました。

アタマの整理のために、簡単なあてはめをしてみます。

・グラウンドに入ったら上下はなく **(→非グループ体質)**、勝つために厳しいことでも本音で言い合う **(→カオス文化)**

・グラウンドから出るとすごくフレンドリー**（→心理的安全性）**
・「他人と一緒じゃ嫌だ」という感覚の持ち主が多かった**（→非グループ体質）**
・試合後のシェーキーズで、最初は雑談**（→心理的安全性）**。その後、自然と「みんなでの振り返り」が始まって、朝になるまで視点や価値観のすり合わせ**（→カオス文化、チーム化）**
・監督から選手に話すことの10倍から20倍の量を選手同士で話し合っていた**（→カオス文化）**
・ピッチの中で、いろいろな問題が起こってもすぐに選手間で解決して、どんどん修正されていく**（→チーム期）**
・大人と子ども、男性と女性、ブラジル人と日本人が同じ場所にいて、頻繁に交流**（→組織文化の継承、凸凹が異なるダイバーシティ）**

こうして「メンバーそれぞれに際立った個性があって、まとまりもある」という「真のチーム」が育まれる組織文化こそが、読売クラブの強さの秘訣だったということがよくわかります。

このように、自分たちで考えながら動くことができる「自走するチーム」を生み出す文化を「普通のもの」として育った志郎さんは、自らが指導者になったときにどのような組織育成をしていくのでしょうか。次章ではそのあたりを見ていきましょう。

第3章

組織の育成

自走するチームのつくり方

U－15代表、最初はバラバラな「お山の大将」集団

志郎さんと話していると、スマホが鳴って、「あ、中島翔哉からメッセージがきた」というシーンがありました。

志郎さんと中島翔哉選手は、共にヴェルディの出身で、2011年にFIFA U－17ワールドカップで日本代表がベスト8になったときのコーチと選手の関係なのです。

「個と組織の育成」を考えるにあたっては、志郎さんの「育成年代（U－15、U－16、U－17）日本代表」と「JFAアカデミー」コーチ時代のエピソードがものすごくヒントになります。

あるとき、志郎さんが「こんなのがあるんですけど、見ます？」とパワーポイントのスライドを見せてくれました。U－17ワールドカップでベスト8になったときにミーティングで使ったというスライドでした。

それをつくったのは、U－17日本代表監督の吉武博文さん。大分市立明野中学校サッカー部監督として全国優勝した手腕を買われて、大分トリニータや日本代表の育成年代を指

導するようになった方です。もともとは数学の先生。

吉武さんと志郎さんの役割分担としては、守備面や個人レッスンをコーチである志郎さんがやり、「人として大事なこと」と攻撃面の指導を監督である吉武さんがやっていたそうです。その**吉武監督作のスライドを見ると、「これはまさにチームビルディングを促すコンテンツだ！」という内容でした。**

日本代表チームでこういうことが大事にされていて、実際にベスト8という成果につながっているというのは、筆者にとって極めて興味深い話でした。

そこで、この章では、指導者の視座から考える「組織の育成」を中心に掘り下げていきたいと思います。

志郎　僕は2009年から2011年の3年間、U－15、16、17日本代表を指導しました。監督は吉武博文さんで、僕がコーチでした。当時の代表選手は、前は、中島翔哉（FCポルト　以下2019年11月現在）、南野拓実（レッドブル・ザルツブルク）、鈴木武蔵（コンサドーレ札幌）、松本昌也（ジュビロ磐田）、石毛秀樹（清水エスパルス）、早川史哉（アルビレックス新潟）。中盤は、深井一希（札幌）、喜田拓也（横浜F・マリノス）。センターバックは、植田直通（セルクル・ブリュージュ）、岩波拓也（浦和レッドダイヤモンズ）。サイドバックは、室屋成（ＦＣ東京）、高木大輔（ガンバ大阪）。ＧＫは、中村航輔（柏レイソル）などがいました。最終的にはＵ－17メキシコワールドカップでベスト8。準々決勝でブラジルに2対3で負けはしたのですが、すごくいいゲームをしました。

でも、最初にＵ－15の代表チームを立ち上げた頃はひどかったんです。選手はいろいろなチームから来ているので、みんな普段自分がやっているサッカーをやろうとする。一人ひとりやり方が全然違うので、チームとしてうまく機能しないんです。

たとえば、ボールを持ったら、エスパルスの選手はスペースに走る。でも、ヴェルディの選手はボールをキープしたいからパスを出さない。そうすると、当然混乱が生じますよね。

そもそも彼らが普段所属しているチームでは、まわりのみんなが自分に合わせてくれるから、他人に合わせようなんて気持ちはさらさらない。代表チームには、そんな「お山の大将」ばかりが集まってくるから、最初の頃は味方同士でもうまくいかないのは当然といえば当然なんです。

なおかつ代表チームともなると、対戦相手はそこそこ強いから、味方同士がうまくいかないうえに、相手も強くてうまくいかない。うまくいかないことの連続となるわけです。

具体例をあげると、日本代表チームは世界と戦うとき、たとえばアフリカのフィジカルの強い選手にドーンと攻めてこられたらとても守れない。だから、いかにみんなで相手選手にプレッシャーをかけて苦しめられたりするかが重要です。そのため、「フィールドに12人、13人いると思われるくらい、ハエがたかるようにプレッシャーをかけろ。そうすると相手は嫌がるから」と選手たちにはよく言っていました。

でも、普段のチームでプレッシャーをかけていない子たちが、いきなり代表に来て「連動してプレッシャーをかけなさい」と言われても、うまくできるはずがありません。いたるところで遅れたり、迷ったりし、やってもやっても全然ボールが奪えない。僕らならこれまでの経験から、相手にプレッシャーをかけて、攻撃になったらしっかりつないでゴールを目指すということを即興でもできるのですが、経験がない彼らはやはりなかなかうまくいきませんでした。

だから、選手たちには、「まず自分のチームのやり方はここでは忘れてくれ。このチームのコンセプトでプレーするんだ。この日本代表チームは日本人の特長を活かして、みんなで組織として連動するサッカーをやる。そうしないとブラジルやフランスに勝てないよ」と何度もミーティングを重ね、映像を見ながら伝えました。

でも、最初の頃は「新しいサッカーは難しい、うまくできない」という選手も出てきたし、逆に代表に残るために一生懸命理解してやろうとする選手もいました。
こんな感じでチームが難破船のような状態だったので、最初のU－15の1年間くらいは監督の吉武さんと「うまくいかないなあ、どうやったらみんな理解してくれるかな」とずっと頭を悩ませていました。

――「お山の大将集団」からの転機はあったんでしょうか？

志郎　試行錯誤を繰り返していると、「そう、この感じ！」とどこかのタイミングでハマり出すときがあるんです。たとえば、豊田国際という大会でアルゼンチン代表と戦ったとき、15分ほど、すごくいい時間帯がありました。そんなときは、その時間をビデオ編集して選手たちに見せて、「日本代表がやりたいのはこんな感じで、これだったらアルゼンチン相手でもなんとかなる」と褒めると、子どもたちも「たしかにあの時間帯は結構よかった」と答える。それを受けてより具体的に、「距離感よかったよね」「次の動きもすごく連動していたよね」と褒めて、「あのときどうしてよかったの？」と自分たちで考えさせるんです。
そういうことが少しずつ積み重なってきて、だんだんチームとしての動きもよくなっていく。でも、また強いチームと当たって打ちのめされると「やっぱり無理かな」と弱気になるけど、その都度、僕らも「このチームで目指すのはこういうサッカーだから、今度はこういうふうにやろう」とか、「この代表チームで目指すサッカーができない選手は、このチームでは生き残れないよ」みたいな感じで子どもたちを励ましたり、選手を入れ替えたりしました。

みんなで映画の感想を話し合うことで「心理的安全性」が高まる

——代表は一緒に練習できる時間が少ないので、チームづくりの難易度は高いですよね？

志郎　時間がないので、基本的にはチームのコンセプトを教えて、それができるようになるための練習をするという方向性です。

時間のなさを補完するために、「人とうまくやる作法」を身につけていることが大事だと考えて、いろいろ取り組みをやっていました。

吉武さんはもともと中学校の先生で、そのあたりが得意なんです。「共鳴」をテーマに掲げて、「ディスカッションしよう」「人のいいところを引き出そう」というメッセージを発信し続けていました。

沖縄県出身のかりゆし58の「オワリはじまり」という曲をテーマソングにしていました。

今日やり残したことはないか、友と語り合ったか、という内容の曲です。

あと、「インビクタス」や「アルマゲドン」などの**「困難を乗り越えて、最後はみんなで力を合わせて事を成す」みたいな映画を観て、そのあと、みんなでディスカッションをしました。**

たとえば、「インビクタス」は南アフリカで白人と黒人が対立していたのが、ラグビーワールドカップ優勝という大きな目標に向かって争いをやめて一つにまとまり、それを国全体も応援して、最後には優勝するという話です。

このような、対立していた人同士が一緒に協力して、国も一つになって大きな目標に挑むみたいな感覚って、日本という平和な国に生まれて、普段はサッカーしかしていない子どもたちにはまったくないわけじゃないですか。

だからこういう映画は、助け合いや、いろいろな壁を乗り越えるために必要なことを学ぶには絶好の教材なんです。

——選手たちのディスカッションは、どんな感じだったんでしょう?

志郎　ある子は「あのときにあの人が、この人のことをこういうふうに思って、こういう言葉で伝えた。僕はあのシーンがすごく心に残りました」と言う。別の子は「僕はこのシーンがよかった」と言う。

そうやってみんなでいろいろな感想を出し合っていると、「その視点は俺にはなかった。でもすごくいい」という気づきを得られる。そんなシーンがたくさんありました。

そういうことを通して、今までいい印象をもっていなかった相手に対して、「そういう自分と違ったいい視点をもっているんだ」とか「こういうことを大事にする人間なんだ」というのがわかってくる。お互いの視点を共有したり、人の意見を受け入れたりすることで、自分がいい方向に変わっていくんです。

――映画を見て感想を話すというのは、サッカー的なヒエラルキーが関係ないから話がしやすくなる面がありそうですね。

志郎　そうなんですよ。サッカーの話になると、どうしても力の差がものを言います。クラブチームのなかでは序列が決まっているので、同じことでも下の子が言うと相手にされないのに、上の子、能力の高い選手が言うと「さすが！」と尊敬されるということが往々にして起こります。

でも、映画の話なら上も下もなくて、格下の選手がいい感想を言ったときにも受け入れられやすい。そういうのは面白かったですね。

ただ、代表チームの場合は、いろいろなチームからトップクラスが集まるから基本的に序列はなくフラットな状況です。そんななかで練習するので、いいことを言った選手の株がすごく上がったり、評価がガラッと変わったりします。

映画で意見を話し合う習慣がついたことで、そのあとは子どもたちだけで夜に集まって、自分たちのプレー映像を観ながら話し合いができるようになっていきました。

そういった教育をしていく過程で、子どもたちはどんどん変わっていきました。そして先ほども話したとおり、目標のU－17のＦＩＦＡ ワールドカップでは、予選でジャマイカに1対0で勝利、フランスとは1対1で引き分け、アルゼンチンに3対1で勝利して、1位で突破。決勝トーナメントではニュージーランドに6対0で勝ってベスト8。準々決勝でブラジルに2対3で負けはしたのですが、内容的にすごくいい試合をするまでに成長したのです。目の肥えたメキシコの観客が最後、「ハポン！ ハポン！（日本！ 日本！）」と声援を送ってくれたんですよ。

この3年間は子どもたちにとってもすごくいい時間だったようで、**最後に一人ひとりスピーチさせたら、「最初は自分のチームと全然違うし、もう何が何だかわからなくて、うまくいかないことばっかりだった。でも今は本当にこのチームとこの仲間が大好きで、解散したくない」と、みんな大泣きしていました。**

ブラジルは「世界基準を意識していない」

——メンバーみんなが「ずっとこのチームでやりたい」と言うのは、まさに「チーム期」に到達している集団の典型的な特徴ですね。

志郎　それは一つのいい思い出ではあるのですが、このままではダメだとも思っていました。当時、吉武さんとよく話していたのは、「やはり日常を変えなきゃいけない」ということ。日本のサッカー界では「世界基準」という言葉をよく使いますよね。

では、ドイツやブラジルに「世界基準」って言葉はあるのか。彼らは日常がすでに世界トップの基準だから、「レベルの高い自分基準」があるだけで「世界基準」とは言わないだろう。それに比べると、日本の日常はだいぶ低い基準にある。だから日常を変えないと、自分たちはそこに追いつかないんじゃないかということです。

——日常の何を変えることが大事でしょう？

志郎　まずは意識ですね。世界のトップはどんな基準でやっているのか、という。たとえば、アルゼンチン代表と対戦した際、アルゼンチンの選手と日本の選手がぶつかるとやはり日本人のほうが倒れます。試合後、選手たちにそのシーンを見せて、「これでは勝てないから、もっと毎日体幹を鍛えよう」とか「もっと球際《たまぎわ》は強くいこう」と言っていたのですが、こういうことは代表に来たときだけやっても変わらないんですよね。普段のチームにいるときからやらなきゃいけない。

だから代表の子たちに「日本全体で日常からもっと高い基準でプレーできるようになるために、ここでやっていたことを自分のチームに帰っても引き続きやってほしいし、チームメイトにも伝えてほしい」と言っていました。

――ちなみに「球際を強く」というのはよく聞く表現ですけど、具体的な基準としてはどういうふうに強いことなんですか？

志郎　力の使い方が違うんですよ。そもそもブラジル人は、球際で負けることを絶対に許さない。「そこで負けたらこの世界では生き残れないよ」と言われます。しかも、笑いながら言われる。それも教育というか文化だと思います。

「力の使い方」というのは具体的に言うと、上から押さえつけるようにくるんです。しかも、第一波に続けて第二波、第三波と続く。間髪入れずに次の波がきます。それに対して、日本人は横から行きがちで、かつ第一波で終わりがちだから球際で負けやすいんですよ。

足の出し方とか、手の使い方も違うし、それらをすべてやっても勝てないときは、最後は共倒れにもちこもうとします。それがブラジルでは普通の「球際の強さ」ということなんです。

――「基準」の解像度の高さが想像を遥かに超えました。

志郎　それくらいの高い基準でプレーできないと世界に通用しないのに、みんな特に深く意識せず、何となく日常を過ごしているという生き方をしているじゃないですか。もちろん、自分なりに一生懸命考えている子もいるんですが、結局、隣の仲間を見ながら、同じチームの幅のなかだけで「俺、結構がんばってるし」という感じでしかやってないと思うんです。見ていると、「まあ、俺はこのレベルで終わる感じかな」と自分の限界を自分で決めつけてしまう子もいます。

――「この学校くらいならねらえるから受験しようかな」という偏差値教育的な考え方と同じ感じがします。

志郎　そのとおり。そうなるともうそれ以上は成長がない。この部分をもっと変えられると思うし、伸びていく人たちというのは、自分を変えようという意識がすごく強い人たちなんです。

先ほどの「フロー（夢中）」の話はまったくそのとおりで、目標が現状の実力に対してあまりにも高すぎると続かず、少し上くらいに設定するとちょっと挑戦してみようかなとがんばれます。それがクリアできると快感になって、もう一段上を目指そうかとなる。その積み重ねで、選手はどんどんレベルアップしていくというのが理想的です。
しかし、ほとんどの選手は「少し上を目指してがんばってみようかな」とすら思わずに、「できる範囲でミスしないようにやろう」という意識なので、何となく「中の下くらい」のレベルをいつまでもチョロチョロしてしまいます。

――フロー図でいうところの、夢中ゾーンではなく退屈ゾーンでサッカーをしている選手が少なくないということでしょうか。

志郎　そうですね。**とにかくミスしちゃいけないという意識が強すぎるので、簡単にクリアできるゲームみたいなものしかやらない。難しいことに挑戦しないいんです。**
ちょっと強い相手とやって勝てないと思うと、すぐにあきらめちゃう。変化を生み出すようなパワーを出せない。それは、いつも簡単なゲームをクリアして喜んでいるだけだからだと思うんです。

――会社にもそういう大人が多いように思います。

志郎　簡単にクリアできないことこそ面白いんです。クリアできないから、「なんとかクリアしてやろう」って夢中になるわけじゃないですか。ちょっと相手が強かったとしても、「どうクリアしてやろうかな」みたいな発想があったら、ゲームは何度でもやり直せるから、20回、30回もトライする。その過程でどんどんうまくなって、結果クリアできたら達成感、満足感を得られる。これにみんな夢中になるわけです。そして次のもうちょっと高いハードルに挑みたくなる。その繰り返しでうまく、強くなっていく。

だから**「簡単にクリアできないから面白い」という感覚、失敗しても「もう1回やってみよう」という発想が子どもたちにはすごく大事です。**ちょっとやってできないから「俺には無理」ってあきらめるんじゃなくて、何度も繰り返しやって、できる喜びを一度覚えると、できないことに対するアプローチが変わってくる。それはサッカーでも勉強でも仕事でも同じですよね。

選手が夢中になりやすい難易度に設定する

志郎　たとえば、メキシコ代表やイングランド代表と戦って負けたあとは、彼らと同等のフィジカルをもつ2歳上の高校生や大学生など、対戦すれば0対2、0対3くらいで負けるような格上のチームを呼んで試合をしていました。つまり、このチームに勝てれば、たぶんメキシコ代表やイングランド代表に勝てるという難易度設定をしていたわけです。こういうことを繰り返していたのですが、一般的には、とにかく何度もトライできる機会が少ないですよね。それが夢中になれない原因の一つだと思います。

夢中になれるかどうかという意味では、主役ならより自分を夢中ゾーンにもっていきやすいでしょうが、主役でなければ夢中になれないというわけでも決してありません。子どものときはみんな主役を目指しますが、当然、みんながみんな主役になれるわけじゃないし、やっていくうちにそれが自分でもだんだんわかってくるじゃないですか。そこで、主役になれないからといってサッカーをやめちゃう子も多い。保護者も同じで、「10番でなきゃやる意味がない」などと言ってしまう。

でも、決してそうではない。

チームには主役や準主役もいるけれど、それ以外の脇役のほうが圧倒的に多くて、チームには欠かせない存在なんです。脇役でも自分の存在意義を自覚して、自分なりの目標をクリアすることで夢中になれる人も確実にいます。「俺がいるからこいつ（主役）が活躍できるんだよ」みたいに考えられる。

そんなふうに、自分は主役ではないけれど、チームの一員として関わってクリアしたときの喜びというものを知ってほしい。だから、子どもにも保護者にも「10番がすべてじゃない」「ナンバー2で活きるタイプもいる」「いろいろな輝き方がある」「そうやって幸せに生きている人もいる」ということを伝えたいんです。

理想は、監督がいなくても自分たちで動けるチーム

——そもそも志郎さんはどういう経緯で指導者になったのですか？

志郎　指導者になったきっかけは、選手を引退するタイミングでヴェルディの社長の森下源基さんから、「今までの経験をヴェルディの子どもたちに伝えてほしい」と言われたことなんです。本当は現役を引退したあと、1年くらいヨーロッパなど世界のいろいろなところを旅してみたかったのですが、森下さんからそう言われて「僕もいろいろな人にお世話になったし、クラブにも恩があるので、そういう役割を与えてもらえるんだったらやるべきなんじゃないかな」と思って、指導者になりました。

指導者として一番の理想としているのは、監督がいなくてもチームが自分たちで考えて動けるようになることです。子どもたちが「志郎さん、もう今日は座っててくれるだけでいいよ」「どんな状況になっても俺たちでできますよ」と言うようになったら、自分の役目は果たせたと思います。

——「自走するチーム」ですね。

志郎　松木さんがヴェルディの監督を務めていたときは、よく選手であるラモスさんに

「カリオカ（ラモスさんの愛称）どうする？」と相談していました。そして、「最後は気持ちだ」と。松木さんはこの二つの言葉をよく使ってました。

選手は、選手間のコミュニケーションを大切にしていました。何か問題があったときはカズとキーちゃん（北澤豪）など、選手同士でしゃべって、個々で問題を解決していました。

松木さんは選手を盛り上げてくれるのがうまく、「あとは俺らでできるよ」という状態。ある意味、理想のチームでした（笑）。

――監督も含めて「チーム期」に到達している状態ですね。監督がいても上下がなく、お互いの凸と凹がガッチリ組み合わさっている感じです。志郎さんは、指導者としてお手本にしている人はいるんですか？

志郎　僕は選手として、ブラジル人をはじめいろいろな監督やコーチのもとでプレーした経験がありますが、コーチとしてこの人がお手本というのは特にいないです。ただ、多くの指導者の良いところは全部どこかで使わせてもらっています。

特にアンダーの代表で一緒にやった吉武さんは、今までの自分の世界にない価値観をもっていたので刺激になりました。

たぶん、吉武さんにとっても僕のやり方が刺激になったと思うので、お互いによかった。

このマッチングをしてくれた、日本サッカー協会の小野剛さんはすごいと思います。

——吉武さんから刺激を受けた部分というのは、さっきあがったことのほかにどんなものがありますか？

志郎　チームビルディングアクティビティをやって性格をみるんです。誰も正解がわからない難題への取り組み方、特にグループでのふるまいを見ていました。

「他人ごとにするな」というのが吉武さんの口癖で、守備がうまくいかなかったらみんなで考え、助け合うことが大事だといつも言い続けていました。それでもみんなが自分ごととして取り組んでいない姿勢を見せたときには、「他人ごとジャパン」と言っていました。

助け合える関係性をつくるために、毎回必ず違うメンバーと練習したり、食事したりするように指示していましたね。

——吉武さんは「心理的安全性」をつくり出すのが上手だったように聞こえます。

志郎　あのときのメンバーの南野拓実、中島翔哉、植田直通なんかは、海外移籍にしても日本のA代表に呼ばれたにしても、すんなり溶け込めている印象がありますよね。その理由としては、アンダー代表のときの経験によるところが大きいと思います。

吉武さんと僕は、U－17ワールドカップを目指しながらも、将来A代表になるための教育を考えていました。２０１１年以前のU－17代表選手は、あまりプロで活躍したりA代

表になったりしていなかったんです。早熟だったり、そこで満足してしまったり、伸び悩んだり。当時のU－17代表選手が今もみんな活躍しているのは、人間性の部分が大きいと思います。そこを大事に指導したので。

当時、所属クラブの指導者たちから「代表でどんなことしてるの？」とよく聞かれました。代表に行くと選手が変わるから気になるみたいでした。でも、僕が「映画を観てディスカッションしてるよ」と答えたら、「？・？・？」という感じでしたけど（笑）。

吉武さんと僕は、最後に選手たちへ「将来みんながA代表の中心選手になってワールドカップに出場したら、試合に招待してください」と言いました。実現したら最高ですね。

「自走するチーム」を育てる指導法

――志郎さんがやっていて、ほかの指導者があまりやっていないことってありますか？

志郎　サッカー協会のアカデミーのときは、練習や試合が終わると僕は週の半分くらいは家に帰っていましたが、子どもたちは全寮制でした。試合があった日は、寮に戻ったあと、子どもたちだけでその日の試合をビデオで見させて、攻撃と守備の両方でよかった点と改善点をみんなで話してもらっていました。

その際は、試合に出ていないサブの子を含めてみんなが自分なりの意見を話すようにしていました。そのあと、次の練習のときにキャプテンを含む何人かの子と、どんな話をしたのか、その振り返りの内容を話させて、次の練習に活かすということをずっとやっていました。

――それって、「シェーキーズでの振り返り」と「お父さんに授業内容を2分で話す」の合わせ技ですね！

志郎　たしかにそうですね。それを続けていると、リーダーシップを取ってチームをまとめる子が出てきたり、攻撃と守備の中心の子がいい意見を出したり、サブの子を含めてみんなが自分の頭で考える習慣がついたのです。

みんなが話すことで、「こいつがこんなことを言うんだ。いい加減だと思ってたら、意外と考えてるな」といった新たな気づきでその人に対する見方が変わって、人間関係が変わることもよくありました。

――人と違うことを言っても受け入れられた、という成功体験は、まさに心理的安全性をつくる元になります。その体験を何回も繰り返していると、「みんなのことがいろいろわかってきた」「みんなでしゃべるのが楽しいな」と思えるようになって、好循環が生まれてくる。

志郎　そうそう。試合の振り返りについてみんなでしゃべるのが楽しくなってくる。普段はふざけたり、ゲームの話や女の子の話をしたりしてるんだけど、サッカーの話で「こういうのいいね、楽しいね」となる。

――中学生くらいの男子って、きっかけがないと恥ずかしがって本当に何もしゃべらないことも多いですよね。

志郎　最初はもじもじして、何を話したらいいかわからない様子で、自分の番がまわってきたときに、前の人が言ったのと同じことを言ったりする。でも、回数をこなしていくうちに、だんだん自分の言葉で話せる子が増えていくんですよね。

――みんなでの振り返りって、志郎さん以外でやっているコーチは多くないんですか？

志郎　少なくとも当時、僕の学年以外はやってなかったですね。自分たちの課題を自分たちで考えるようになると、みんながチーム全体のことを考えるようになる。普通は自分のことと隣のポジションの選手のことくらいしか考えていない。

全体のことがわかるようになってくると、自然に選手同士の声かけが増えてきたりするから、すごくいいんですけどね。

【解説】自走するチームをつくる「振り返り」の作法

自分たちで考えて動けるチームをつくるためには、お互いが何を考えているかを理解し合うこと、すなわち「カオス期」を乗り越えることが必要です。

そのときに有効なのが、前章の「シェーキーズでの振り返り」であり、本章の「寮での振り返り」です。とはいえ、みんなで振り返りをすれば何でもよいというわけではありません。そこで、ここでは「イケてる振り返り」と「イケてない振り返り」の違いを整理してみたいと思います。

振り返りをやるときに、「反省会をやろう」と言う人がいます。まず大事なのは、振り返りを「反省会」にしないことです。そのネーミングにするだけで、うまくいかなくなる確率が高まってしまいます。

というのも、反省会というと、人は自然に「できたこと」より「できなかったこと」に目が行きがちになり、また「強み」より「弱み」にフォーカスしがちになります。

さらに、「なぜできなかったか」の反省をしようとすると「他責」や「犯人探し」になりやすいので、チームワークが高まるどころかバラバラになってしまいかねません。特に、「グループ期」のステージにある集団ではそうなりがちです。

また、コーチや上司の立場にある人のなかには、結果が出なかったときに「罰を与える」ような意味合いで「反省させたがる」人がいます。自分の指示どおりにできなかったことを反省させて、自分だけ優越感に浸るような人もいます。

それではコーチ（上司）を恐れるグループができるだけで、自走するチームにはなりません。

では、反省会にならないためにはどうしたらよいでしょうか。

振り返りをするときの作法として、次の４つの項目を立てます（図６）。

何が起こったか　（客観的な事実）

どう思ったか　（主観的な解釈・感情）

得られた学びは何か　（抽象化・概念化）

これからどうするか　（適用・行動案）

図6　体験学習サイクル（振り返りの作法）

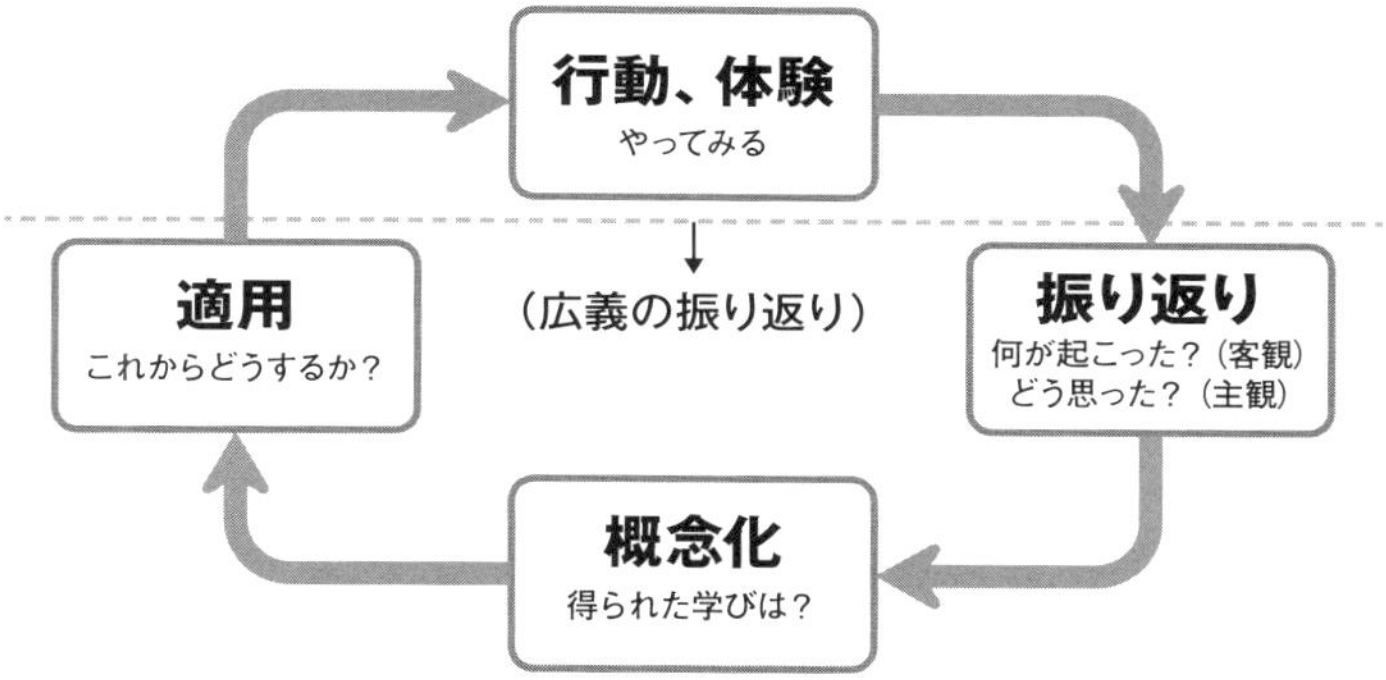

○○（自分がくわしい他のもの）と通じるところは？

まず、事実をテーブル（ホワイトボード）の上に出します。ポイントは「事実と解釈を切り離す」ことです。最初は個々でいろいろな思いを感じていますが、見えているものもバラバラです。その状態で意見が一致することはありえません。なので、みんなが見えているものをそろえてから、意味づけをしていくことが大事になります。

イメージとしては「裁判」をやっている感じです。原告と被告が感情的に自分の主張をしているだけでは、ただのケンカ・揉めごとと同じです。

裁判ではまず「証拠」を出し合って、それをもとに「どう解釈していくか」をすり合わせていきます。

そして、今後に活かせるようにするために

抽象化・概念化して、「得られた学び」として共有します。そのうえで、「これからどうするか」をみんなですり合わせます。そこで出てきた行動案を試していきながら、成功体験を重ねることで「チームの共有ルール」が確立します。それを使い込んでいくことで、「こういう場合はみんなこう動くだろう」という予測可能性が高い状態が生まれていきます。その予測をベースに、お互いが「味方がやりやすくなるような仕事」をすることでアシストが効くようになります。それが「チームワークがよくなる」ということです。

おすすめは、振り返りのとき、いつもホワイトボードにこの4項目を書いておくことです。

【解説】判断の違いを探る（価値基準が違うのか、視点が違うのか）

サッカーの世界では「認知→判断→実行」というフレームワークがよく使われます。そこで、ここでは「人によって判断が違う」というのはどういうことなのかを掘り下げてみたいと思います。その際、役に立つのがこの公式です。

判断 ＝ 価値基準 × 入力情報

平たく言えば、人というのは認知したもの（入力情報）を、自分の価値基準に照らして計算し、その結果として判断を下すということです。ということは、「人によって判断が違う」場合の原因としては、

- **価値基準が違う**
- **入力情報が違う**
- **どちらも違う**

の3パターンになります。それを踏まえて、

- **価値基準をそろえる→「ありかなしかの基準」をすり合わせる**
- **入力情報をそろえる→「見えているもののギャップ（視差）」を埋める**

ということができれば、「チームとしての判断」がそろうようになります。

ちなみに、「入力情報」の違いは「どこを見るか」という視点の違いのほかにも「どこから見るか」という視座の違いによって生まれます。試しに実験してみましょう。

【実験】頭上で指を時計回りにグルグル回してみてください。指を回したまま顔の前を通るルートで下げていって、胸の前まで下げてください。今、指はどちら回りですか？

これを、志郎さんが監督をしていた横浜F・マリノスのジュニアユースの選手たち向けに、筆者がやったのですが、「うおお、時計と反対に回ってる！」と驚いていました（笑）。

そのあとで、「同じものでも、どこから見るかで見えるものが変わります。フォワードとディフェンダーの意見が合わないのは、当たり前。だったら『こちらからはこう見えるんだけど、どう見えてるの？』というすり合わせを、感情的にならないでやったほうがよくないかな？」という話をしたら、「たしかに！」と納得してくれていました。

第4章

個の育成①

伸びる子と伸びない子の違い

小・中学校で全国優勝した選手は伸びにくい

スポーツの世界でもビジネスの世界でも、「結果がすべて」と言われがちです。でも、志郎さんは「必ずしも勝たなくていいんですよ」と言います。

ヴェルディでコーチをやっていたときの考え方では、中学3年生で全国優勝しても、トップチームに誰も上がれなければ「育成失敗」という位置づけになるそうです。だから、「育成年代では優勝しなくていいからトップに上がれる選手を増やせ」というのがミッションだったといいます。

志郎さんと筆者の共通点に、「伸びる人・伸びない人」をたくさん見てきたということがあります。

志郎さんは、関東トレセン（選抜チーム）コーチのときに関東エリアのトレセンをくまなくまわり、数千人の選手を見てきたそうです。同様に、筆者は20年にわたって数万店のネットショップを見てきて、実際に顔を合わせた経営者・店長さんだけでも数千人はいます。

たくさんの人を見てくると、だいたい「ここを誤解していると成長できないという落とし穴」や「伸びる人の共通点」がわかってきます。志郎さんと話すなかで、サッカーにもビジネスにも共通して言えることがたくさん出てきました。

そこで本章では、指導者側の視座から考える「個の育成」を中心テーマにして掘り下げていきましょう。

――「必ずしも勝たなくていい」とは、どういう意味ですか？

志郎　サッカーの世界では、小・中学校で全国優勝して、高校・大学でもプロでも成功して幸せになっている選手って、そんなにはいません。子どものときに成功体験が多く、うまくいかなかった経験が極端に少なくて、でも高校生くらいになって急にうまくいかないことが増えて、それに耐えられなくてやめてしまう人がいます。一生ずっと上に居続けられる人はほとんどいないんです。だから小・中学校のときに圧倒的に勝つよりも、大人に近づくにつれて少しずつ勝っていけるほうがいい。

そういう意味では、うまくいくことといかないこと、成功と失敗などいろいろな経験をして、そこからいかに多くのものを得るかということが、生きていくうえですごく大事な感覚だと思います。失敗ばかりでもダメだし、成功ばかりでもダメ。

今、人気俳優になっている竹内涼真は、ヴェルディのユースに在籍中、グラウンドで顔を見たことがあって覚えています。守備の選手としては体の線が細く、あまり試合に出られていなかった。ただ、そこで厳しい世界を経験し、いろいろな苦労をしていると思うので、そういう意味では精神的に強いと思います。だから、今のようにまた別の世界で活躍できるんでしょうね。

試合に出られないときの感覚ってすごく大事だと思うんです。サッカーをやっているといろいろな立場になることがあって、常に自分が中心でいられるわけでもないし、上のチームに行けば一番下っ端になって試合に出られないこともあるじゃないですか。

これは社会に出ても同じですよね。いろいろな立場になったときに、過去のその時々の立場で物事を見たり考えたりした経験が役に立つ。それは子どもの頃にスポーツで体感できることが多いから、スポーツの経験から学びを得るのはすごく大事なことだと思います。

――志郎さんが試合に出られなくなった経験って、いつのことですか?

志郎　まず、15歳で読売クラブのトップチームに上がったときです。レギュラーのほとんどが日本代表選手と外国人というチームだったので、最初から簡単には試合に出られないと思っていました。まだ実力的に無理だということは自分でもわかっているので、失意とか落胆という感じではなかったです。

そのあと、試合に出られるようになってからの一番の問題は、ブラジル人など、助っ人外国人とポジションがかぶることでした。ヴェルディではブラジル代表のビスマルク、浦和レッズに移籍しても、元ドイツ代表のウーベ・バインなど、あのクラスの選手とポジションがかぶる。そういうサッカーの本場出身のすごい選手と競わなければいけないということが一番大変でした。彼らとのポジション争いに勝つことは並大抵ではなかった。

日本代表のレギュラーとして試合に出たあとに、ヴェルディに帰ったら試合に出るのはブラジル人選手で僕は控えということがありました。

もちろん、僕は試合に出たいし、練習でもいいプレーができているのですが、どうしても助っ人外国人が出る。かといって、**ポジションを変えてディフェンスをがんばるような、自分のプレースタイルを変えてでも試合に出たいという発想にはなれませんでした。僕は自分のよさで試合に出てチームに貢献したいとずっと思っていたからです。だから、当時はすごく葛藤を抱えていました。**

——その経験を今、振り返るとどういう意味づけになるのでしょう?

志郎　悔いも残っています。あのときもっと守備でがんばったり、仲間のために何かをしたりすれば、もっと新しい自分が出せたかもしれないし、もっとプロでいろいろな経験ができたかもしれない。指導者になった今、自分自身でもそう思うし、そういうふうに言ってくれる指導者がいたら、その後の自分の人生も変わったかもしれないと思います。ただ当時は、「とにかく自分のプレーのよさを出せ」と育てられていたので、そこに固執しすぎていたから気づけなかった。

テニスの錦織圭選手は、グランドスラムでベスト4以上に進出するにはサーブが一番のネックになるからと、徹底してサーブを改善しました。最大の弱点を徹底的に改善したことで、逆にそれが自分の強み、武器になった。その結果、2014年の全米オープンで初めて決勝戦まで行った。そういう発想が当時の僕にはなかったのです。

だから、**当時の自分には、「もっと弱い部分にも目を向けて、改善したらもっと変われるよ」ってすごく言ってあげたいですね。**

上のレベルに行くほど弱いところを突かれる

――強みを活かすのは大原則として、弱みとどう折り合いをつけるかが大事だということでしょうか。

志郎　たしかに、長所や強みを伸ばすのはすごく大事なことではあるのですが、このときの経験から、より高いレベルに行くためには、それだけではダメだとわかりました。でも、当時の僕と同じく、今の子どもたちも自分の課題や欠点、苦手なことに目を向けず、やりたいことや得意なことしかやりたがりません。

苦手なことの克服というのは、なかなか本気で取り組めないからできないんです。だからコーチになってからは、弱点に目を向けさせようとしました。アンダーの日本代表の子たちにも、「長所や強みを出すのは当たり前。自分の欠点、課題、マイナスポイントに目を向けて、ピンチをチャンスに変えることが大事だよ」「苦手なことでもやればできる」「新しい自分をつくってみようよ」「強みだけで勝負することにそんなにこだわらなくてもいいんじゃないの？」と、よく言ってたんです。

そうやって、子どもに苦手なことを一生懸命練習させられれば、それなりにはできるようになってきます。そこまでいくと、「自分は苦手だと思っていたけれど、やればできるんだな」と自信をつけたり、新しく「もっとレベルアップできるのかな」と前向きな気持ちになったりして、実際に大きく成長した子もいました。

今の子どもや保護者にはそういう発想があまりないから、気づいてほしいと思います。それによって変わる人もいっぱいいますから。でも、いくらそう言っても「いや、俺には無理」と、結局変わらずに終わっていった選手もたくさん見てきたので、そう簡単なことではないんですけどね。

得意なことを伸ばすというのはすごく大事なことではあるんですが、一方で、「得意なことだけやっていけばいいよ」だと、それこそさっきの話の「いろいろなことをやってみると、あとでムダなくつながってきたりする」というチャンスを失うことになりますよね。

サッカーは、レベルが上になればなるほど、相手の弱いところを突くんです。それによって、相手は強みを出せなくなる。自分の好きなところだけがんばっている人は、もうどうしようもなくなりますよね。

乾貴士はスペインに行ってすごく守備をがんばりました。でも、日本にいるときのコーチはそこまで深く守備の指導はしなかった。守備をさせることで、彼の攻撃のよさが減ると考えたのだと思います。外国のコーチは守備もしっかりやらせる。ここも一つの大きな差ですね。

――それはコーチの問題なんですか？　それとも環境でしょうか？

志郎　いろいろな要因があると思います。守備をがんばらないと試合に出られないということもあるだろうし、日本だと「攻撃がうまいから守備はやらなくていいでしょ」となりがちです。原口元気も、ドイツに行って守備がすごくよくなってます。

そうやって、乾も原口も柔軟に変わった。でも、日本にずっといたら変わってないかもしれない。

——それは「同じ会社にずっといたら」というのとつながりますね。「転職してアウェイに来たら全然通用しないな」と気づく機会があるかないかで違う。

志郎　そういうことって、あとになって初めて気づくじゃないですか。でも、時すでに遅しで、もう変えられないですよね。

気づきを促すために、子どものときにいろいろなポジションをやってみるというのは有効です。勝つためにメンバーを固定して「余計なことをするな」って言われちゃうと、やはり人は変われないし楽しめないから、将来もよくなりません。だから重要なのは、どこをゴールに設定しているかですよね。

勝つことを重要視しすぎた結果、小学生のときにトップ・オブ・トップを極めて終わり、みたいなことも少なくありません。しかも、トップを取れるのはごく一部です。負けた人は評価されず、楽しめないのというのはもったいなさすぎます。

選手が変わるのは、ケガをしたときと試合に出られないとき

——ほかに選手が「変わる瞬間」ってありますか？

志郎　子どもの頃からサッカーだけをやってきたプロの選手は、十数年間も練習や試合で

あっという間に1日が終わるという日々を繰り返しています。それが、ケガなどで初めて練習や試合に出られなくなったときに、ふと自分にとってのサッカーの意味合いや将来について思いをめぐらせる。「長くサッカーをやるためには、もっと体をケアしなきゃいけないな」とか、「これからどうやって生きていこうかな」「もうちょっと自分を変えなきゃ」といったふうに。

べつに、その時期ちょっと休んだからって、1年後には全然影響がないんですよ。逆に、そのとき無理をしたら古傷になったり、燃え尽きてしまったりするリスクが高くなる。だから、「神さまが『今はサッカーを休んで、ほかのことをやってごらん』と言っているんだな」くらいに気持ちを切り替えて、しっかり休んだほうがいいんです。

——試合に出られない場合だと、神さまが「外側から俯瞰《ふかん》で試合を見てごらん」と言っている感じでしょうか。

志郎　そうそう。そんな感じで、**ケガをしたり試合に出られなくなったりしたときに、いろいろなことを学んで変わる選手がすごく多いんですよ。そのとき流した悔し涙も、人を変える何かのきっかけになるかもしれない。**変わることができなければそのまま終わっていくでしょうからね。

——ボールを蹴れない期間があると、久々に蹴ったときに、「あー俺、この感触好きだ」

って感じますね。

志郎　ずっとサッカーばかりやってると、たまに休みたくなります。サッカーができなくなるとやりたくなるし、やはりサッカーが好きだなってわかるんですよね。

だから完全に休んで、サッカーをやりたい気持ちを高めつつ、その間に普段できない、いろいろなことをしたほうがいい。

僕のヴェルディ時代の最初の教え子に、印象深い子がいます。ものすごく熱心で、サッカーに一生懸命取り組み、練習時には僕にいつもいろいろなことを聞いてきました。でも、チームのなかでも運動能力があまり高くなくて、技術も下のほうだった。ちょっと難しいプレーの成功率なんて1割あるかないかで、10回やったら9回は失敗していた。それでもいつも一生懸命がんばっていたんだけど、サッカーの世界は厳しいから試合には出られないし、ジュニアからジュニアユースにも上がれなかった。

その彼が中学に入るとき、「君は誰よりも努力している。今のまま一生懸命サッカーを続けなさい。サッカーと勉強を両立できるのは君しかいないよ。サッカーを楽しんでね」と人間性を褒めたんです。

そのあと、彼は本当に両方がんばって、慶應義塾大学に合格しました。卒業後は総合商社に就職してバリバリ働き、今は中東に赴任しています。いわゆるエリート商社マンの道をひた走っているわけです。

彼に再会したときに、「ヴェルディで小学生のときに試合に出られなかったけど、いろいろなことを学びました。あのとき志郎さんに言われたことも記憶にすごく残っています」と言ってくれました。

それで、「子どものときに試合には出られなかったけど、やはり一生懸命努力した子が最終的には幸せになるんだな」と思いました。逆に、子どもの頃にサッカーが上手なんだけど、ちょっとうまくいかないとヘソを曲げて途中で投げ出してしまうような子は、人生うまくいかないことが多いと思います。

人生は長い。人生の本当の勝負は、人生が終わるまでわからない。重要なのは最期に「ああ、いい人生だったな」って思えるかどうかですよね。それで人生の勝ち負けが決まる。小学生のときの勝ったとか負けたとかは、本当に小さくてどうでもいいことなんです。そんなことよりも、そのときに何を学んで、どう成長したかということのほうが大切です。

30歳で大金持ちになっても、40歳、50歳でダメになっている人はたくさんいます。かつてJリーグで一緒にプレーした選手でも、ピークのときはたくさんの年俸をもらって幸せの絶頂という感じだったけど、そのあと、厳しい生活をしている人もいます。まわりの人間も、いいときは近寄ってくるけどダメになるとすぐ離れていったりしますからね。

だから、本当に何が幸せで、どうすれば幸せになれるかということをすごく考えさせられます。やはり一番いいのは、いい仲間やいい家族に囲まれて充実した生活を送れることですよね。

自分の子どもが大事なら、「今は下手でも、挑戦し続けることでいい人生になるよ」ということを、保護者がしっかりと伝えるべきだと思います。

指導者も、教え子たちが充実した幸せな人生を送れるように導いてあげることが一番大きい役割だと思うんです。目先の試合に勝つことばかりにとらわれるのではなくてね。

――会社と同じで、ユースやジュニアユースの監督も成績次第でクビや降格になる可能性があると、やはり「どうしても勝たなきゃいけない」というふうになりがちですか？

志郎　そうなりますね。チームは結果で一喜一憂しがちだし、もちろんそれはしかたがない部分もあるのですが、一番大事にする部分ではないと思うんですよ。結果を最優先にすると、いろいろなものが悪い方向に行く。

だから、**優勝するよりも2位からベスト8くらいがちょうどいいんです。経験も積めて、悔しさも残る。目的は、もっと先で勝って、そのあとの人生も幸せに送れるようになることですから。**

伸びない人の習慣

――伸びない子に共通する習慣や姿勢には、どんなものがありますか？

志郎　競争は避けて通れないとはいえ、勝ち負けだけにこだわると人間関係がギクシャクします。うまくいったときだけ喜んで、うまくいかないときは、「まあ、こんなものかな」と振り返りをすることもなく、今話したとおり一喜一憂を繰り返す感じです。

保護者も同じく一喜一憂を繰り返して、1年後、2年後に子どもがどう変わるかというところにまで目がいかない。ほかの人と比較して「自分がもっとよくなるためにはどうするべきか」と分析したり、「将来こういうプレイヤーになりたい」というお手本となる目標をもったりすれば、子どもはいい方向に変わっていきます。

僕は、ヴェルディやマリノスの下部組織に入ってきた選手に、「君たちが今このチームにいられるのは、何年か前に一生懸命がんばって力をつけたからだよ。2年後、3年後もいい位置にいるためには、今どういう努力をしたらいいかな？」と、よく問いかけていました。

まず先を見据えて、「1年後、2年後どうなっていたいのか」「どんなことができるよう

になっていたいのか」を考えることが大事です。そこから逆算すれば、「こういうことを意識して取り組んでみよう」と今やるべきことが見えてくる。

もちろん「今ここ」の、目の前のことを夢中で一生懸命やることも大事ですが、それに加えて中長期的な視点をもつこともすごく重要なんです。

ユースの選手なら、まず「ユースからプロになりたい」という目標をもつのですが、プロに入ってから先、自分がどうなっていきたいのかという長期的な展望がないと、プロになってからさらに成長して活躍するのは難しい。だから、プロになることだけを目標にしている子どもは、その先がなかなか厳しいわけです。

——「楽しむ」とか「夢中」になることが大事というと、「その日暮らし」とか「刹那《せつな》的」だと思われがちですが、そうではないということですね。

志郎　その日暮らしで今日やったことの一喜一憂だけでは、今日の失敗はマイナス以外の何ものでもなくなってしまう。

失敗しても、足りないものに気づけたおかげで、自分は１年後、より大きくなれると思えれば、今日１日が価値あるものになります。

また、保護者も「何やってるんだ！」と責めるのではなくて、「ああいう失敗から学ぶことで、人は成長できるんだよ。今日の失敗を今後に活かそうね」と言えれば、「今日はよかったな」となりますよね。

――「レールに乗っていれば安泰で、そこから外れないことがもっとも大事」という思い込みも、足元の失敗を恐れる「現状一喜一憂型」の要因になっているように思います。もはや誰にもぴったりの正解なんてなくて、柔軟に考えて「自分なりの回答」を出していくことが大事になっているのに。

志郎　日本の場合は、保護者もコーチも選手もその柔軟性に乏しいですね。僕も若い現役選手だったときは、自分で一度こうと決めたら曲げなかったんですが、育成年代の日本代表チームやヴェルディのトップで指導する側になってからは、一辺倒なやり方では無理だと気づきました。

いろいろなタイプの選手がいて、我の強いタイプと気の弱いタイプではアプローチの仕方を変えないとダメなんですよね。だから、**「思考の柔軟性」というのは一つの重要なキーワードです。**

たとえば「裏に走れ」と言うと、子どもはひたすら裏に走ろうとしてしまう。ときには「中に走ってみたら?」とか「ちょっと下がってみたら?」と言ってあげられたら、子どももも「こういうやり方もあるんだな」と思えて幅が広がり、新しい自分になっていけます。

大人になって会ったときに、「子どものときから全然変わってないな」という人がいるじゃないですか。一方で、「この人、変わったな」という人もいる。

僕は「変わったね」って言われることが多いんです。子どもの頃はお山の大将でした。負けず嫌いで「絶対一番じゃなきゃ嫌だ」「一度こうと決めたら曲げない」みたいな感じでした。

でも、年をとるにつれて他人の話を聞くようになり、性格的にも穏やかになりました。そんなふうに、子どもだけじゃなくて、保護者やコーチを含めていい方向に変わる人が増えてくると、全体もよくなる。そのキーワードが「思考の柔軟性」なのだと思います。それと「丁寧さ」も大切です。

――丁寧さ、ですか？

志郎　同じ子どもでも、何でも考えて丁寧にやる子と、とりあえず雑にパパッとやる子がいます。小さい頃に雑にやる癖がついてしまうとなかなか直りません。

また、ミスをしたら自分のことは棚に上げてすぐ他人に文句を言う人もいますよね。そのような態度では、どんどんまわりの人とうまくいかなくなります。「すぐ人のせいにするし、人の話も全然聞かない」というレッテルを貼られてしまう。

そうなると面白く生きていけないし、幸せな人生にはならない。これは子どもの世界だけじゃなくて、社会に出ても同じです。

だから、子どものとき、ミスがあった場合やうまくいかなかった場合に、まず「自分ももう少し何かできたんじゃないか」と考え、人にものを言うときは言い方を考えたり、相手と話してわかり合ったりすることを学んで身につけたほうが、幸せになれますよね。

早期に専門的にやりすぎると伸びない

志郎　伸びない理由といえば、今の子は早期に専門的なことをやらされすぎていると感じます。最初から完全に「競技」として取り組まされている。

そうすると、**型にはめられたり、叱られたりするのが早すぎるんです。それは、保護者もコーチも、子どもに結果を求めすぎるからです。どうしても勝ちたいから子どもに圧迫感を与えてしまう。近年、その傾向がすごく強いと感じています。**

でも、小学1年生のときの勝った負けたなんて、大人になったらあまり覚えていないでしょう。勝ち負けより大切な何かを考えたほうがいいと思います。失敗して泣いた経験のほうが活かされることもあるでしょうし。

だから、小さい頃は「遊び」から入っていいので、もっといろいろなことをやって、失敗しても夢中になって取り組むことの楽しさを知ってほしいのです。専門的なことをやるのはそれ以降でいい。

子どもの場合、勝者は1人だけ、1チームだけじゃなくていいと思うんですよね。

——競技と違って「遊び」というのは、やっていてつまらなくなったら面白くなるように自分で工夫しますよね。そもそも自分の退屈を解消するためにやる活動が「遊び」ですから。フロー図でいう「挑戦∧能力」になると退屈になるから、志郎さんのシュート練習の「ゴール隅には蹴れるようになってきたから、次はポストの内側に当てるのをねらう」みたいに、だんだん難易度を上げていくと面白さが持続しますね。

志郎　伸びないサッカー選手は、つまらなくなっても自分でお題を変えられないんですよね。ちなみに、「ちょっと難しいな」と思ったら面白くするために難易度を下げてもいいんですよ。保護者も同じで、「この子、高すぎる目標で悩んでるな」と思ったら、目標を下げてあげればいいいんです。それによって子どもたちが生き生きするかもしれないじゃないですか。

無理にがんばっても不安だろうし、むやみに消耗するだけで気持ちも盛り上がっていかないですよね。そういう意味でも、子どものときに遊ばないといけないんですよ。**遊んでいる人はストレスを発散する必要はないですしね。ガマンしてやるからストレスがたまって発散が必要になる。発散しないとやっていられない、というのは本当の幸せではない。**

子どもが「うわー!」ってストレス発散している光景はほほ笑ましくはないですよね。

勝ち負けだけではなく、いろいろな価値観が認められる社会にならないとダメだと思います。保護者も「こうじゃなきゃいけない」という一つの価値観に縛られるのは望ましいことではない。今の保護者は、Ｊクラブの下部組織に入るのがプロへの近道だと考えて、クラブに子どもを入れるために「幼稚園のうちからサッカーをやらせないと」と盛んに言っています。

でも、意外とJ下部に小さい頃からずっといるプロ選手って少ないんですよね。中学や高校や街クラブで「お山の大将」をやっていた子がスッと入ってきて、そこからプロになって活躍するパターンも珍しくない。

だからみんな、ちょっと勘違いしているんです。J下部に入るのは早ければ早いほどいいと思ってるんですが、そうでもないケースもあるんです。早く入っていいクラブに行くと、自分のポジションだけ無難にやっていればチームが勝つから、それ以外のことをしようとすると逆に「余計なことをするな」と言われてしまう。どうしても分業になるので、与えられた狭い役割の働きしかしなくなります。でも、街クラブの中心的な立ち位置でやっていると、勝つためにはゲームの組み立ても、メンバーを動かすことも、シュートもアシストも全部自分で考えてやらなきゃいけないから、いろいろなことができるようになる。

——「一流企業に就職すれば安泰」と思ったら、歯車のような仕事で小さくまとまってしまう、といったパターンと似ている気がします。街クラブのほうは少人数のベンチャー企業で、みんながいろいろなことをやらなければいけないイメージと重なりますね。

志郎　だから、べつにJ下部だけがすべてじゃないし、むしろ街クラブでやっている子のほうが将来、何でもできるオールラウンドプレイヤーになれる可能性は高い。実際に、そこから伸びている子もたくさんいます。

練習の総時間では、街クラブは少なくて週3回とか4回しかやっていないから全然疲労してないし、むしろもっと練習したいと思っている。一方、J下部のほうは練習をやりすぎて、半分疲れてサッカーよりほかのことをしたいと思っている子も多い。

——志郎さん自身は、子どもの頃どのくらいサッカーをしていたんですか?

志郎　サッカーは週2~3回しかやっていないです。ほかの時間は、空手、スキー、水泳、英語、キャンプなど、いろいろなことをやっていました。

そもそも日本テレビが主催していた「西山すくすくスクール」の夏キャンプに行って、そこに来ていた読売クラブのコーチに声をかけてもらえたことがきっかけで読売クラブに入ることになったんです。キャンプに行かずにサッカーばかりしていたら、今はなかったな(笑)。

「教えられ慣れ」しすぎると伸びない

志郎　僕らの時代はコーチが手取り足取り教えてくれるなんてことはなくて、目の前に優れたお手本がたくさんいたので、自分で好きな選手を見つけて、そのプレーをマネしながら覚えていくというのが基本でした。好きな選手を観察して、「こうやってマークを外してボールを受けてるな」と気づきを得たものを、「こんな感じかな」と実際に工夫しながら繰り返しやってみる。

日本の場合は教えられることに慣れすぎている選手が多いので、自分で学び、考え、実際に試行錯誤するという作業が大事になってくると思いますね。

――観察するときの解像度が粗いと、いいものと悪いものの見分けがつかないですよね。解像度を上げるためには、何をしたらいいでしょう？

志郎　以前、スペインのコーチと一緒に仕事をしたときは、いいものと悪いものが論理的に言語化されています。今は映像でもいろいろないいプレーが見られるので、子どもにとっても良し悪しがよりわかりやすくなっています。

それに加えて、「認知→判断→実行」をすごく明確に行っています。

走るというプレー一つをとっても、相手の動きを見て状況を把握することで、いくつかの選択肢が浮かび上がり、そのなかから「一番いいのはここを走ること」という最善の選択ができるんです。

普段の練習から、指導者が子どもに対して状況の変化を見せ、「相手がこう動いたらどうする？」ということを問いかけ、思ったようにやらせてみて、振り返りとしてゆっくり丁寧に説明するんです。だから、子どもたちもまず状況を見て、「こうしたいけど、相手はここを守ってくるから、そうなったらこっちを走るのがベスト」といった選択ができるようになっていくわけです。

しかし、日本の場合は子どものプレーに対して、コーチがよかれと思ってつい、「なんでそこ、走っちゃうの？」と言ってしまう。そんなことを言われても、子どもはわからないからそこを走っているわけです。

結果に対するダメ出しだけでは、子どもは次に何をどうしていいかわからなくなる。「じゃあ、何をすればいいんですか？」と聞いても、コーチは子どもが状況を把握して判断するのはまだ無理だと思うから、「いいから裏だけ走っとけ」と言われてしまう。

そうすると自分の意思じゃないから、夢中にはなれない。サッカー自体がつまらなくなるわけです。

――そうなっている理由と、望ましい方向性は？

志郎　まず一つは、**大人が子どもに「工夫しながら何かにトライすること」を要求しないからでしょうね。**本来、自分で考えて動いたり、仲間と「どうやって攻めようか」と作戦会議をしたりすることがサッカーの面白さなのですが、これまで日本の子どもたちはそういうことを要求されてこなかった。もしも、子どものときから、工夫しながらトライすることに対して、「そういうの大事だよね。実際、プレーが変わってきたね」と褒められたら続けると思うし、「余計なことをするな。指示されたことだけやってればいいんだ」と否定されてしまうと、工夫しちゃいけないんだと思いますよね。

二つめの理由は、**保護者も社会も、子どもにすぐ結果を求めることです。子どもにとって一番大事な作業はゆっくり考えて、じっくり取り組むことだと思います。**時間をかけていろいろなものをつくっていく、編み出していくということは非常に大事です。そもそも短時間でできることってすぐ忘れちゃったりして、そんなに大きな変化につながらないですよね。

しかも、ダメだったら「はい、終わり。これは正解じゃなかった。次」となる。これがよくない。ダメだったとしても「工夫しながら何度もやってみよう」と背中を押してあげることがすごく大事です。

何度もトライしてできたときに、子どもたちは「あきらめずに試行錯誤してよかった、失敗の積み重ねがよかったんだ」と思い、それが成功体験となって、次の新しいことにチャレンジするようになるんです。

学校の成績とサッカーは関係している

——大事なのは正解探しではないと気づくわけですね。ちなみに、学校の成績とサッカーは関係ありますか？

志郎　大いに関係あると思います。成績に影響する要素としては、まず「先生の話をきちんと聞く」「それをちゃんと理解しようとする」「1回聞いただけでは身につかないから予習・復習をちゃんとやる」「いろいろな問題を想定して準備する」などがあげられます。成績の悪い子はこれらができていないのですが、サッカーにも全部あてはまります。

まずコーチの話をしっかり聞けない若い子たちが、今、すごく増えています。話をしているとき、こちらに目を向けず、下を向きながら聞いていたりする。そういう子のプレーを見ていると、「ああ、やっぱり理解できてないな」と感じます。逆に理解する選手は、こちらが話すときに近くに来たり、気になることがあると聞きに来たりすることが多いです。そのような「聞きたい、学びたい」という意欲が大前提として必要ですが、もちろんそれだけではダメです。話を1、2回聞いただけでできるようになる人は、天才でもない限りまずいなくて、技術は意識して繰り返すことでしか定着しません。だから、こちらの話を真剣に聞いているのにできない子は、理解や予習・復習が足りていないんですよね。

――勉強の成績そのものというよりは、学ぶ態度や姿勢などが重要であるということですね。

志郎　そう。伸びない子は取り組む姿勢に問題のある子が多くて。勉強にもサッカーにもつながるということですよね。

ちょうどこの前、テレビで中国語を勉強していたとき、孔子の「聞いて学ぶだけではダメで、それを自分でしっかり考えて実践することが大事」という言葉を聞きました。

これはいい教材になると思って、今教えている中国の子どもたちに「たまたま中国語の勉強をしているときに、中国の偉い人がこういうことを言ってるのを知ったんだけど、僕もそう思う。みんな知ってる?」って聞いてみたんです。そうしたら8割くらいの子は知っていた。「じゃあ、ピッチでもこれと同じように、しっかり僕の話を聞いて、自分で考えて実践してる?」と聞いたら、していると答えた子は少なかった(笑)。

だから「中国の偉い人が言った言葉のとおり、まず先生の話をちゃんと聞く姿勢が大事。

でもただ聞いてうなずいてるだけでもダメだから、それが意味することをちゃんと考えて、理解、消化して、繰り返し実践していくことが、勉強でもサッカーでも同じく大事だと思うよ」と伝えたんです。

――『論語』の「学んで思わざれば則《すなわ》ち罔《くら》し、思うて学ばざれば則ち殆《あやう》し」ですね。「学んでも考えなければ知識が混乱するだけであり、考えても学ばなければ独断に陥って危険である」と。

志郎　「僕は君たちに相手のマークの仕方、こういうとき相手を見てどういうふうに動けばいいのか、ということを教えるけど、それを自分で理解して実践してできるようにならなきゃいけない。できるようになる子もいるし、できないままの子もいるよ」という話をしたんです。せっかく中国の子に教えているので、中国の偉い人が言った言葉を引用するほうが、「日本人はこうだよ」と言うより説得力があるかなと思って。

僕は、常に子どもが変わるきっかけになるものを探してはいるのですが、何に反応するかは子どもによっても、保護者によっても違うんですよね。重要なことを言っても全然反応しない子もたくさんいます。一方で、何気ない言葉が伸びるきっかけになる子も結構います。そういう意味では、僕らは言葉をすごく大事にしなければいけない。

僕らはただサッカーを教えるだけじゃなくて、子どもの人生に何か、少しでもいい影響

を与えたいという思いで取り組んでいます。だから、子どもたちの人生をよりよく変えられるこの「育成」という仕事は、お金を得る手段というレベルではなくて、本当に価値ある、大きな仕事だと思っています。

同時に、指導を受ける子どもの保護者のほうも、常に変わるきっかけをつかもうとする姿勢をもってほしい。変わるきっかけというのは、先生や友達など誰かの何気ない一言だったり、いろいろな失敗や経験だったりしますが、何も考えずなんとなく生きていると、それら大事なものも目の前をただ通り過ぎていくだけですから。

その意味で、吉武さんは「感性を磨いて、よくしなきゃいけない」とよく言っていました。そうすることで、いいものも悪いものもきちんと感じ取れるようになるからです。「ちょっとでもよくなりたいな」という、理想と現実のギャップを埋めようとする欲求が根底にあるか、それとも「まあいいか」と現状に満足するかで、その後の成長度合いはかなり違ってくるでしょうね。

うまい人のプレーを見るときも、今みたいにネットに動画が上がっているわけじゃなくて何回も見られないから、ものすごく集中力を要しました。今は情報があふれているのでそんなことをする必要はないですが、観察眼を磨くチャンスなどを含めて、逆に失われたものも多いと思います。

【解説】加減乗除の法則

筆者は、「兼業自由・勤怠自由の正社員」というちょっと変わった働き方を12年ほど続けています。そのなかで、ご縁があって横浜F・マリノスで仕事をすることになり、志郎さんと出会いました。

これまでの自分の働き方を含めて、何万人という経営者やビジネスパーソンを見てきたうえで、私が発見したのが、働き方が4段階で進化を遂げるという「加減乗除の法則」です。

志郎さんの話ともピッタリくる部分が多いので、ここで紹介させてください（図7）。

加減乗除、それぞれの各ステージにおける働き方の概要は、こうです。

加（足し算）……できることを増やす。苦手なことをやる。量稽古。

減（引き算）……好みでない作業を減らして、強みに集中する。

乗（掛け算）……磨き上げた強みに、別の強みを掛け合わせる。

除（割り算）……複数の仕事が同時に進むように統合する。

図7　働き方の4ステージ

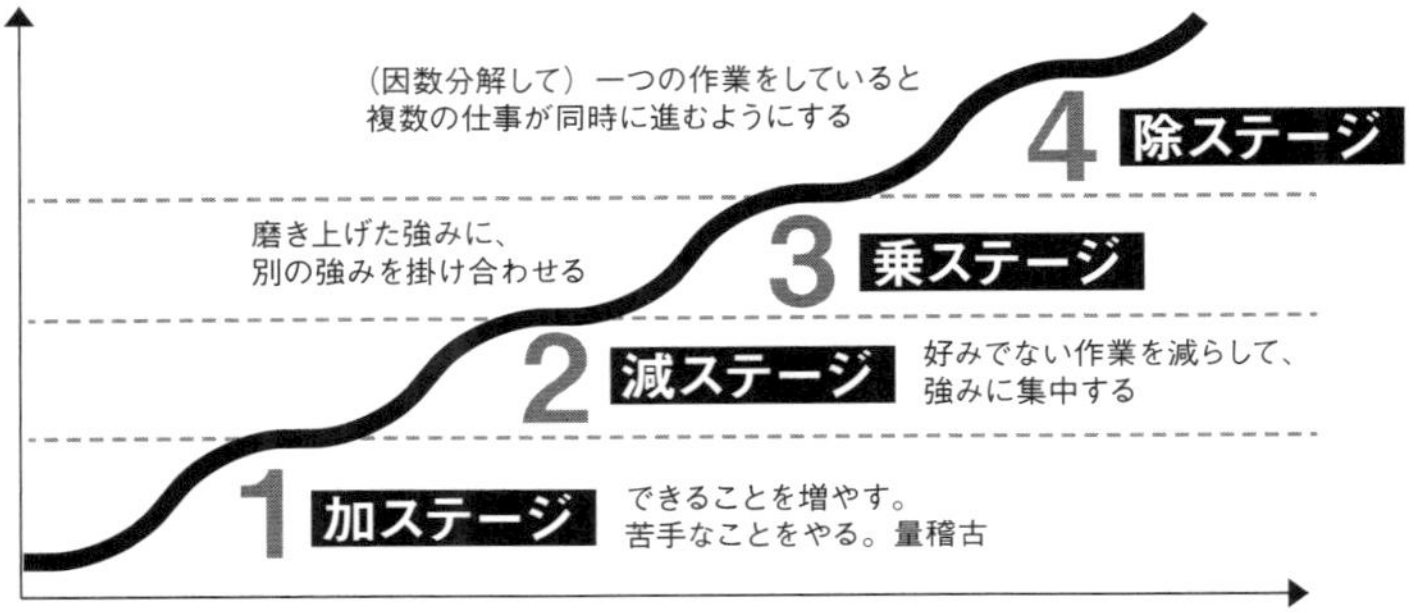

出典：仲山進也『組織にいながら、自由に働く。』
（日本能率協会マネジメントセンター）

①「加」ステージ……選り好みせず、できることを増やす（夢中スイッチと量稽古）

人が新しく仕事を始めたとき、最初は「できることを増やしていくステージ（加）」からスタートします。苦手なことでも嫌いなことでも選り好みせず、一人前にできるまでやってみる。新卒が、何もやってみないうちから「自分はこれがやりたい」とか「これが得意」とか言っても、たいした強みではないことが多いわけです。内容は問わず、とにかく「量」が大事なステージです。

いろいろなことができるようになってくるとスイッチが入って、夢中になりやすくなります。お客さんに喜んでもらえる仕事ができるようになることで、自分のことを支持してくれる人が増えていきます。一方で「仕事が増えてキャパシティオーバーになる」ということが起こってきます。

キャパオーバーした部分を、なんとか試行錯誤しながら工夫するうちに効率が上がってきて、こなせるようになります。効率が上がったということは、何らかの強みが発揮されているはずなので、そこで初めて「ホンモノの強み」が見えてきたことになります。

志郎さんが、「早期に専門化しすぎると伸びない。上のレベルに行くほど弱いところを突かれるので、苦手なことも含めていろいろなことをできるまでやってみるのが大事」と話していたことと通じます。

②「減」ステージ……得意でない仕事を手放し、強みに集中する（断捨離と専門化）

苦手なことはほかの人に渡すなどして引き算をし、自分の得意な仕事に集中するのが「減」ステージです。それによって、強みが磨かれてとんがってきます。

イメージでいうと、「加」ステージで石膏のかたまりを大きくつくったものを、「減」のステージで削り出して「強み」というタイトルの彫刻を生み出す感じです。「加」ステージでの量稽古が不十分だと石膏のかたまりが小さいままなので、削り出したものも小さすぎて「強み」として通用しにくいものになるわけです。

他人から「あの人の強みはこれ」と認めてもらえるようになるまで磨き続けます。レベル感としては、その道のプロフェッショナルとして本を1冊書けるくらいのコンテンツをもてている状態です。

③「乗」ステージ……強みと強みを掛け合わせる（独創と共創）

磨き上げた強みに、別の強みを掛け合わせるステージです。

「強みの掛け合わせ」には二つの意味合いがあります。

一つめは、「自分の強み同士」を複数掛け合わせること。これによって強みの希少性が高まり、「独創」的になります。志郎さんが空手やスキーで培った強みをサッカーに掛け合わせたことが、まさにお手本です。

もう一つは、自分の強みを「他者の強み」と掛け合わせる「共創」です。

「乗」ステージまでくると、「あなたの強みが必要だから一緒に組みませんか」というオファーがくるようになります（サッカーでいうと移籍オファーがくるイメージ）。社内外を含めてプロジェクトベースで仕事ができるようになり、複数のプロジェクトに参加して仕事をするようになります。そこでいろいろな強みをもった人たちとチームをつくり、成果を生み出していきます。

前章で志郎さんが「人とうまくやる作法を身につけていることが大事」という認識のもと、個々の強みはもっているが「お山の大将」集団だったアンダー日本代表のチームづくりを進めていったことと通じます。

④「除」ステージ……仕事を因数分解して、くくる（兼業と統業）

関わるプロジェクトが増えすぎると、どれも中途半端になりがちです。その場合に、割り算のイメージで仕事を因数分解して、「一つの作業をやっていると、関わるすべてのプロジェクトを同時進行させられている状態」をつくれるのが「除」のステージです。

どのプロジェクトにも「育成の専門家」として参加しているなら、どこで何の仕事をしていても「育成」の知見がたまったり、腕が磨かれたりしていくことになるので、すべてのプロジェクトが進んでいることになります。逆に言えば、一つに統合できない分野や内容の仕事はやらないようにします。

こうして、どこでも誰とでも働ける、自由度の高い働き方ができるようになるのです。

この4つのステージが、「幸せな働き方」を実現するための道のりです。

志郎さんが、「いいものをつくるためには、本当に時間をかけて、試行錯誤を繰り返すことが必要不可欠」と話していたとおり、「これさえやれば、すぐ幸せな働き方ができます」というような話ではありません。

ちなみに、志郎さんの人生を「加減乗除」にあてはめると、どうなるでしょうか。

子どもの頃、いろいろな活動をやりながら夢中でボールを蹴って量稽古をし（加）、天才と呼ばれるレベルまでサッカーの技を磨き上げ（減）、カオス文化の読売クラブで「あうん」の呼吸のチームワークを体得し（乗）、サッカーから学んだ本質的な考え方を軸に日本でも中国でも働けるようになっている（除）。

とってもしっくりきます。

第5章

個の育成②

自走人の増やし方

やりたいことがわからない問題

ビジネスの世界が「VUCA（ブーカ）」になった、といわれるようになって数年が経ちます。VUCAとは、変化に富んでいて（Volatility）、確実な正解がなくて（Uncertainty）、複雑にからみ合っていて（Complexity）、見通しが曖昧《あいまい》（Ambiguity）になってきているという意味合いです。

右肩上がりの時代には、「こんな計画を実行すれば、予測どおりこのくらいの結果が出る」という正解があり、その正解を知るリーダーの指示のもと、やるべきことをみんなで役割分担してそれぞれがミスなく実行することで業績が伸びていきました。

でも、VUCAな状況になるとリーダーも正解がわからないため、メンバーにも自分で考えて臨機応変に動けることが求められるようになってきています。

だから、ビジネスの世界では**自分で考え動ける「自律自走型人材（自走人）」を育成することが重要テーマになっている**のですが、今までの「正解がある仕事の仕方」に慣れてしまった会社や組織だとなかなかうまく育成ができない、ということが問題になっています。

この点、サッカーは最初からずっとVUCAです。22人が常に動いて複雑にからみ合い、状況がスピーディーに変化し続け、確実に勝てる正解などなく、大方の予想を覆すジャイアントキリングがたびたび起こります。

というわけで、サッカーを通して「VUCA時代に活躍できる自走人」としての素養を身につけられれば、たとえプロ選手にならなかったとしても、「サッカーをやっていてよかった。培ったものがとても仕事に役立っている！」と思える人が増えることになります。

筆者が20年ほど前から身を置くIT（情報技術）の世界は、ビジネスのなかでも変化が速くて激しい業界だと思います。

でも、**いくら変化のスピードが速いと言っても、サッカーほど瞬時の判断が連続的に求められるわけではありません。仕事をしながら「サッカーよりは遅いな。判断するまでに考える時間がつくれるから有効に使おう」と思えれば、余裕をもってプレー（仕事）することができます。**

筆者は実際に、VUCAなサッカーで培った経験や考え方が仕事に活かせているなと思うシーンがたくさんあります。

こういうことを志郎さんに話すと、「やっぱりそうですよね。そういうことをサッカーをやっている子どもたちに伝えたいんです」と盛り上がったのが、この本を一緒につくることになった経緯だったりもします。

もちろん、サッカーをやりさえすれば誰もが自走人になれるとは限りません。

前章にも出てきたように、言われたことをやるだけでボーッと過ごしていたのでは、自走人の素養は磨かれないからです。

そこで本章では、「個の育成」のテーマのなかでも「どうすれば自走人が育ちやすくなるか」にフォーカスを当ててみましょう。

――「自分で考えて動ける人になろう」という方向性で人材育成を進めようとすると、「やりたいことがわからない」という声が出てくることがよくあります。

志郎　「やりたいこと」って自分の意思じゃないですか。Jクラブのアカデミーでも中国でも、子どもたちは最初、僕の評価をすごく気にします。僕が見ているときは一生懸命やるけど、ちょっと目を離すと手を抜いたりする。

だからだいたいいつも最初にこう言うんです。「君たちは誰かが見てるから一生懸命やるとか、見てないからやらないとか、そんな基準で生きるの？　そんな生き方はつまらないよ。サッカーがうまくなりたい、いいプレーがしたいと思うなら、誰が見ていようが見ていまいが、そんなことは関係ないよね」と。

自分がいいプレーをして楽しみ、仲間と一緒に喜ぶということに集中すればいいのに、コーチや保護者のほうに意識がいってしまっている子どもが多いんですよね。それはもちろん、指導者や保護者の責任でもあると思うのですが。

駆け引きを「だます」「ずる賢い」と表現しないほうがよい

——コーチや保護者がどんな関わり方をするかの影響は大きいということですね。

志郎　そうですね。サッカーではよく「ずる賢い」という言葉を使う人がいるんだけど、僕は使わないようにしています。というのは、ルールの範囲内で相手の意図や状況を利用して自分のやりたいことをやる、相手の裏をかいてディフェンスを突破して点を取るというのは、「ずる」じゃないからです。むしろ「フェアで賢い」プレーですよね。「だます」というよりは「駆け引き」です。

日本はフェアであることや正直さをすごく大事にするので、「だます」とか「ずる賢い」と言われることを嫌います。

だからテレビで、そういうプレーを解説者やアナウンサーが「今のはずる賢いプレーですね」などと言うと、いいプレーがすごく悪さをしているようなイメージになってしまう。「ずる賢い」とか「だます」というのはネガティブに聞こえるのです。それが定着すると、賢いプレーをしても「おまえ、ずるいぞ」となってしまう。だから、子どもたちへの伝え方はすごく気をつけるようにしています。「このプレーはずる賢いじゃなくて、賢いプレーなんだよ」と。

——話すほうは、反則行為を含まない前提で「ずる賢さが足りないよね」と言っているのに、聞いたほうは「ずるしてまでやれということか」と受け取るようなこと、ありますね。

志郎　本当にずるして勝つことを覚えてしまったら、子どもの将来にとってはよくないですよね。大人になっても「ルールやモラルに反してでも金儲けをしよう」となりかねないですから。だから、ファウルして勝っても結局、人生には勝てない。ずるして勝てたとしても、後味の悪い記憶は残るんですよね。時間稼ぎもそうだと思うのですが、結局、気持ちよくなくてすっきりしないんです。

一方、駆け引きをしたうえでの失敗は、そのときはそれがベストだと思ってやるんだけれど、振り返ってみたときに、「次はもうちょっと攻めてみよう」などと考えて、その後いい方向に変わる可能性がある。それもいい経験ですよね。自分に美学さえあれば、失敗は人を大きくするものなんです。

「ボールを回すサッカー」がうまくいかなくなるとき

志郎　僕がアンダーの日本代表コーチをやめたあと、一緒にやっていた吉武監督のチームがパス回しに固執しすぎてうまくいかなくなったことがありました。ボールはすごく回しているんですが、ディフェンスがおろそかになって結局カウンターやセットプレーからの失点で負けちゃう、みたいなことになったのです。

——ボールを回すことは、本来、相手を崩すとかゴールのための一つの手段のはずなのに、それが目的になってしまったということですか？

志郎　そう。読売クラブのときは、外から見ている人たちはボールをすごく回しているイメージをもっていたと思いますが、中の僕らは違って「相手もしっかり守ってくるから、ボールを動かして相手を引っ張り出せ」「スペースをうまく空けるためにボールは回すけど、隙があればいつでも裏に行くよ」という感覚なんです。

つまり、ちゃんと相手が守っているのであれば、ボールを回してディフェンダーを動かして疲れさせ、ラモスさんや武田（修宏）など、こちらのオフェンス陣が相手の守備の裏に行きやすいような隙をつくる。点を取るためのボール回しなんです。実際に、この戦術でよく点を取っていました。

2018年のFIFA ワールドカップでのドイツが、ボールは回せるけどなかなかシュートにまで至らなかったというのは、最後の局面でワンツーパスやドリブルなどが少なかったり、トリッキーな遊びがなかったりしたがゆえに、相手チームにしっかり守られてしまったからです。

こういう結果を受けて、**今後はもっと遊びや駆け引きが必要だという意見が出てくるんじゃないかと思っています。遊びや駆け引きから生まれてくるものを楽しみながらレベルアップできるのが、子どもにとっては一番いい形だと思います。**

遊びのなかの駆け引きによって知恵がつく

――ロシアワールドカップの駆け引きといえば、日本のサッカーファンをはじめ多くの国の人が「めっちゃモヤモヤした瞬間」が、日本対ポーランドの試合だと思います。

日本は0対1で負けていましたが、チームは最後の10分間、あえて攻撃をしない「パス回し」を選択しました。同グループで同時間に試合中のセネガルがそのまま得点しなければ、フェアプレーポイントの差で日本の決勝トーナメント進出が決まる。ただし、セネガルがもし得点すれば日本は敗退するという「他人頼み」なところがある選択だったため、スタジアムはブーイングの嵐で、国内でも賛否両論が分かれてみんながモヤモヤした判断でした。あれは、どう思いましたか？

志郎　その判断の是非というよりも、気になったのは、選手たちがそれぞれに「得点を取りに行かない」という態度を出しすぎたことですね。読売クラブだったら、確実にああはならなかった。もっとボールを回し続けて相手に触らせないで、「隙あらば、2点目行くよ」「バランスが崩れてきたら一気に行くぞ」という感じを出したでしょうね。

そういう駆け引きは、必死さから生まれてくるものもあるのですが、「失敗してもオッケー」という、余裕から生まれてくるものもあります。その両方が必要です。

特に、遊びのなかの駆け引きによって、子どもに知恵がつくんです。試合中にアイデアが出る。人と違う発想もできるようになる。それを育んだ読売クラブのコーチたちはうまかったと思います。

相手チームは、勝とうと思って必死に走っていました。僕らは、「相手は走りたいんだから、ボールを回して走らせよう」という感じでした。特に、日本リーグ時代のミーティングでは、「前半は点を取らなくてもいい。相手は必死に守備をしてくるので、0対1でもいいからとにかく相手を走らせて疲れさせろ。そうすれば後半は自分たちのやりたいプレーができるようになるから」という感じでした。そういう駆け引きって大事ですよね。それは遊びのなかで学べるものです。

アイデアは、楽しいから浮かぶんです。僕らがミニゲームをしていると、よく都並さんとかディフェンスがガーッとスライディングしてくるんですが、切り返してかわしていました。都並さんは「ああ、やられた」って。駆け引きのなかで、どう相手の裏をかいて滑らせて切り返すかというのが面白かった。

日本リーグの他チームの選手もすごく一生懸命スライディングしてくる。そんな相手のディフェンスに「うわっ」と言わせるのが楽しいんです。スライディングの練習だけをしても駆け引きはうまくなりません。だから、ブラジル人の選手とかに簡単に切り返されて、遊ばれちゃう。

でも、都並さんや松木さんはだんだんわかってきて、ここは打たないなと読んで滑ってこなくなる。僕らオフェンス側もさらにその上をいこうとする。それをやっているうちにディフェンスもオフェンスもどんどん賢くなって、お互いに読み合うレベルが上がっていく。柱谷哲二さんなんて、だまされてると見せかけてカットしにくるんですよ。それを遊びのなかでやっていたわけです。

まず相手を観察して、強いところと弱いところを探す。自分たちがやりたいコンセプトはあるけど、いろいろ試して様子を見ながら、相手が何をしようとしているか、何をされたら嫌なのかを考える。そのうえで、相手に合わせてやり方は変えていく。

その柔軟な感覚をみんなで共有できているのが、「チームとして駆け引きができる」ということなんです。

アピール（価値伝達）と評価

——駆け引きに含まれる視点かどうかわかりませんが、アピールの作法というのはありますか？　要は、「自分の価値を他人に確かに伝える」という意味合いで、です。

志郎　キーワードは「信頼」ですね。いかに監督に信頼されるか、仲間に信頼してもらえるかが重要で、そのために、人のためにプレーをしたり、自分でもいいプレーを出したりします。それがアピールにつながると思うからです。

子どもたちを見ていると、自己評価しか頭にないんです。しかも、自分ではいいプレーをしていると思っているのに、監督やコーチ、ほかの選手からはあまりそうは思われていないという、自己評価だけ高い子が多い。

でもプロ選手は、監督やコーチ、クラブから評価されなければお金がもらえません。自分を評価するという価値観はもちろん大事なのですが、「代表チームで生き残りたい」「プロとして契約してもらいたい」と思ったときに、自己評価だけが高くてもチームの評価が低ければその希望は叶いません。

結局、チームへの貢献度で選手としての評価が決まり、給料が決まり、来年の契約が決まり、代表メンバーに入れるかどうかが決まります。だから、自分が得意なプレーをして満足するということも大事なのですが、必要不可欠なのは、それがチームにとってプラスになるかどうかという視点です。

そのため常々子どもたちには「チームに貢献し、人に認められないと幸せになれないのがサッカー選手だよ」と言い聞かせているんです。

選手を評価する側の人たちは、トータルでの貢献度を考慮して選手の給料を決めているので、チームの評価と自己評価がある程度リンクする必要があります。それがリンクしない子は、自己分析が正しくできていないということになります。

自己評価だけでは生き残っていけないので、他者からの評価も理解し、自分に足りない点や改善策をわからせなければなりません。そのために、自己採点表をつくらせて自分の評価を書かせ、それにクラブの評価を付け加えるのです。マイナス部分をいかに減らして、プラスの部分をいかに増やしていくかが重要です。

また、「一生懸命やっているのはわかるんだけど、どんどん評価がマイナスになっている」という、アピールの仕方を間違えている子も多いです。

逆に、目立った個人プレーじゃなくても、常に仲間のためにいいサポートポジションを取っている子もいます。

そのような、目には見えづらくてもチームに貢献するプレーをする子については、ミーティングで「いつもいいポジションを取ってるよね、気が利くね」とか「目立たないけど、彼のこういうポジションはすごくチームを安定させる」「彼のこの一言でチームは引き締まるんだよ」と褒めています。

チームへの貢献はいろいろな要素がありますが、トータルで判断すべきです。たとえば長谷部誠選手（アイントラハト・フランクフルト）のように、スーパープレーはそんなにしないけれどチームへの貢献度はトップだと認められる生き方もあります。サッカー選手はあくまでも他者からいかに評価されるかで決まるので、このようなアピールの仕方も重要なのです。

「チームへの貢献＝自己犠牲」なのか

——「チームへの貢献」というワードが出てくるときというのは、「自己犠牲」とセットで語られることが多いように思うのですが、そのあたりの関係性はどうでしょう。僕は必ずしも「チームへの貢献＝自己犠牲」とは限らないと思っているのですが。

志郎　僕も同じです。**僕らは、人のためにいいサポートをするのは当たり前のことで、自己犠牲だとは思っていません。**たとえば、ラモスさんも味方が困っていたらすぐカバーに行ったり、仲間のために走ったりしていました。

印象的だったのが、僕が15歳の高校生で初めてラモスさんと一緒にプレーしたとき、僕がドリブルしていたらラモスさんがオーバーラップしたのでパスを出しました。ちゃんと次のプレーにつながったのですが、ラモスさんは「シロー、俺のことを使わなくてもいいんだよ」と言ってくれたんです。

「もし俺にパスしたほうがいいと思えば、そうしろ。でも別のプレーのほうがいいと判断したら、そっちを選んでいいよ」って、今でいうと日本代表の中心選手クラスの人が、高校1年生の丸坊主の僕に言うわけですよ。

選手として、味方がボールを持ったら、次のパスコースをつくる。そのとき年齢なんか関係なくて、自分が一番いいと判断したプレーをする。走ったのにパスがもらえないことを、ラモスさんは自己犠牲とは考えていないわけです。

日本人は「自己犠牲」という言葉がすごく好きで、自分を犠牲にして、他者のためにやることを美化したがります。

でも、僕らは仲間のために一生懸命動くのは無理してやることではなくて、当たり前のスタンダードだから犠牲とは思ってないんですよ。チームにとって有利な状況をつくろうとしてるだけで、それができないと「おまえサッカー知らないな」「そこは仲間のために動くところでしょう。ダメだな、能力低いな」と、自然と低評価になってしまう。

——チームに貢献できないと「サッカー知らないな」と言われる土壌なんですね。

志郎「あ、ここにパス来ないの？　見えてないなあ」みたいな、ポツッとした一言が「ああ、そういうことか」と気づかせてくれる環境ですよね。

損得を考えて損しないようにすると、結局損する

志郎　他人のために何か貢献をすることで、こちらも満足感を得られます。電車の中で他人に席を譲ったときに、いいことをしたなと思っていい気分になる、みたいな。

サッカーでも同じで、「どうして他人のためにこんなことしなきゃいけないんだよ」という感覚ではなくて、自然に他人のために何かができたり、それを「おお、いいね」「ありがとう」と言えたりする感覚が身につけば、いい人間関係が増えてくると思うんですよね。

でも、これがなかなか難しい。今の子たちは「最初に自分から人のために」とはしないんですよね。

自分が損した気になるから、まず自分に何かをしてもらいたいという思いが強く、「してよ、してよ」となる。「俺にいいパスちょうだいよ」って言うんだけど、「おまえ、いいパスくれないじゃん。人に雑なパスをしてくるくせに自分だけいいパスほしがるの？」と言われちゃう。

だから、僕は子どもたちにいつも「まずは自分から人のために動いてみよう。いいパス

をして、いいサポートをして、いいカバーをして、いい声をかけてあげなさい。そうすると、相手も同じようにしてくれると思うよ。お互いのためにサポートし合う関係が増えてくればいいよね」と指導するんです。実際にそうしてみると、たいていの子はちゃんと返してくれるから、それを仲間みんなとやればサッカーが楽しくなり、チーム全体がすごくいい人間関係になるんです。

仕事でも、気が利くとか他人のことを考えて自然と何かできたりすると、「あいつは俺にいろいろなことやってくれるから、俺もちょっとやってやろう」と助けてもらえることが増えます。

——先に相手に小さな成功体験を味わってもらうところから始めると、心理学でいう「返報性」が働いて、いい感じにまわり始めるということですね。

志郎　そう。お互いに返したくなって、どんどんいいものを送り合うようになるんです。それが信頼というものになっていく。

自分の仕事の範囲はどこまでか

――読売クラブのときは、いわゆるカバーリングも他人の仕事を手伝ってるという意識じゃなくて、「そこまでやるのが自分の仕事」とみんなが思っていた感じですか?

志郎　「他人のために自然に気を利かせて何かをできるのがかっこいい」という文化でした。そうならないと、サッカーは勝てないんですよね。

「なんで俺がこんなことをやらなきゃいけないんだ」みたいな、他人の仕事をやらされているという感覚で無理にやってるレベルではダメなんですよ。

そうじゃなくて、自発的に人のためにやるとか、「なんか手伝うことない?」と聞くことがお互いにできるようになってくると、気持ちよくプレーできるし、勝てるようにもなってくる。

つまり、自分の損得を考えずに、まずは他人のために一生懸命動くと、結局自分が幸せになるんです。でも、だいたいみんな、まず目先の自分の損得、結果にとらわれてしまう。それが一番損につながるんですよね（笑）。

人間、苦しいときに助けてくれた人のことは、絶対に覚えています。そういうのは大事ですよね。

――その積み重ねが信頼になっていくことで、さっき話に出た「よくない意味での自己アピール」は必要なくなってくるわけですね。ビジネスに置き換えるなら、ファンのお客さんが増えるとむやみに広告を出さなくも売れるようになる、みたいな感じかもしれません。

志郎　本当にそうですね。昔、サッカーの観客数がまだまだ少なかった日本リーグ時代、お客さんを増やすために一生懸命「試合、観にきてね」とチケットを配ったり、サイン会をやったりしたんですが、その熱意は必ずあとで返ってきましたからね。みんな覚えていてくれて、実際に観客数は増えました。

移籍（転職）の作法――「早く結果を出して認めさせよう」だとうまくいかない

――そのような読売クラブやヴェルディの文化に合わなくて、馴染めない人はいましたか？

志郎　あまりなかったですが、なかには馴染めない人もいました。自信満々で入ってきたのですが、ワンマンプレーに終始して、チームメイトのために何かするということがほとんどなかったんです。彼はチームメイトに対して「全然パスをくれない」とキレていて、僕には「志郎、おまえは俺にパスをくれるよな」とよく言っていました。そのときは「はい、いい状態だったら出します」と答えていました。

でも、彼は他人のためにあまり汗をかかなかったから、まわりの人も彼のことを認めませんでした。

もちろん、よそのチームからウチに入ったプレッシャーもあって自分をアピールしたいという気持ちはわかるのですが、それゆえに空回りしちゃうんです。

――それはまさに、転職が一般的になる時代のお手本のような失敗事例ですね。一刻も早く結果を出して評価されて、「自分はここにいていいんだ」という心理的安心感を早く得たいという気持ちは誰でもあると思いますが、それだけだとうまくいかない。

志郎　まず転職先の会社の文化に合わせて、上司や同僚とうまくやっていかなきゃいけないし、自分の個性も出さなければいけない。それがいいバランスですぐできる人とできない人がいます。

サッカーも移籍が活発になってきたから同じで、新しいチームに入ってすぐに馴染める選手もいれば、なかなか馴染めない選手もいます。

でも、これからの時代は会社も終身雇用ではなくなるし、サッカーも、中学、高校、大学、社会人で、プレーするチームが全部違うかもしれない。年齢に応じていろいろなチームでやっていかなきゃいけないので、これからはどんな新しい環境に行ってもスムーズに馴染める能力がもっと重要になると思います。

評価というのは必ずついて回るものですから、評価されることを怖がって逃げてしまうのが一番もったいない態度です。評価を怖がるのではなく、正しく向き合う姿勢が大事ですよね。

コーチの側としては「評価」というより「正しくフィードバックをする」という意識のほうがよいと思います。読売クラブ時代は、毎日が「フィードバックの嵐」だったという感覚があるんですよね。

お互いにフィードバックし合って、リクエストを伝えて、アイデアをすり合わせて試行錯誤するというのを繰り返していると、「評価に納得がいかない」という状況はあまり起こらないんです。

相手チームを「敵」とは呼ばない

――志郎さんから「相手チームを敵とは呼ばない」という話を教えてもらったことがありますが、あれは一般的な考え方なんですか？

志郎　基本的にはそうです。日本サッカー協会が２００８年度から、サッカーにおけるリスペクトの意識を広めようと、リスペクトプロジェクトを開始しました。そのなかの「フェアプレーとは」という項目で、「相手に敬意を払う……相手チームの選手は『敵』ではない。サッカーを楽しむ大切な『仲間』である。仲間にけがをさせるようなプレーは絶対にしてはならないことである」と定めたんです。

つまり、対戦相手がいないと選手たちはサッカーができないわけだから、敵ではなく一緒にサッカーをする仲間として戦いましょう、と子どもたちに教育しているわけです。僕もその考え方はすごくいいと思っているので、いろいろなところでそういう話をしています。

昔は、対戦相手を敵と認識し、試合前にすごくにらんだりして敵意むき出しな人が多かったのですが、今は一緒にゲームをする仲間として、お互い尊重し合ってベストを尽くしたいなと思っています。ただ、昔の選手だった人たちは、テレビで解説をやっているときについ「敵」って言っちゃうんですよ。

——それはさっき言っていた、読売クラブでピッチの上だとガツガツ厳しくやるけど、終わったらファミリーみたいな感じになることですよね。志郎さんはそれを身をもって体験しているから、思わず「敵」と言ってしまうこともないんでしょうね。その感覚が腹落ちしてなかったら、やはり「敵」だと思ってますもんね。

志郎　相手を本当に敵だと思ったら、ケガをさせてしまうかもしれない。そうなるとお互いに気持ちよく試合はできないわけです。だからいい仲間として、お互いにどちらがいいプレーをできるかという部分で競おうというふうに変わると、相手を傷つけてでも勝とうとは思いませんよね。

もちろん全力で勝ちにいくのは当然で、ファウルギリギリのところでしっかりプレーするのはいいけど、簡単にファウルをしたら守備の能力も上がらないし、ファウルして相手を傷つけてでも勝てばいいというものでもない。相手選手にも人生があるし、自分も蹴られて傷つけられたくないですよね。自分が半年間、プレーできなくなったらもちろん嫌ですよね。

真剣なフェアプレーの範囲内でたまたま運悪く、相手にケガをさせてしまうのはしかたがないけど、相手に悪意があるかどうかはわかりますよね。「こいつ、わざと足をねらってきてるな、汚ないな」みたいな。そうなると、サッカーをやりたくなくなりますよね。

サッカーは、やっていくうちに所属するチームが変わっていくので、高校や大学など、いずれどこかで一緒にプレーすることになったりするんですね。国体で都道府県の代表チームになったら一緒になっちゃったり。大人から「相手は敵だから絶対負けるな、傷つけてでも勝て」とあおられて悪意をもって襲いかかってきた相手と一緒のチームになったとき、遺恨が残っていると仲良くプレーできないですよね。

そういうサッカーはやっていても楽しくないし、気持ちよくない。みんな、サッカーを楽しみたいと思ってやっているわけです。グラウンドにケガしにくる人はいませんから。でも、勝ち負けがすべてだと教わった昔の人のなかには、サッカーはそういうものだと思い込んでいる人もいます。ゼロか１００か、勝ちか負けかしかないっていうように。それよりももっと大事なことがあるはずなんです。

――ビジネスも戦争に置き換えられがちですよね。サッカーみたいに相手チームと対戦をして、必ず90分後に勝敗の結果が出るというものですら「敵」と呼ばずに済んでいる。ところが、商売はよく考えたら戦う必要がない場合も多いのに「敵」だと思い込んで、お客さんそっちのけで競合他社を攻撃したりしているのは、つまらないなと思っているんです。

志郎　社員に対して「競合他社に負けるな！　どんなことをしてでも勝て！」とあおったりしますよね。

——そうやって「ケツを叩く」的なプレッシャーを与えたほうが人を動かしやすいということだと思うんですが、そういうマネジメント手法に依存しているリーダーが多いから、今、働いていてメンタルに不調をきたす人が多いのではないかと思います。志郎さんみたいに「相手をリスペクトしながら、サッカーを楽しもう」という感覚で仕事ができたら、そうならなくて済みますよね。

変化した選手の例——中島翔哉

——志郎さんが育成に携わった選手が、どんどん海外移籍したり日本のA代表に選ばれたりするようになってきています。そのなかで、「あの選手はこんなふうに変わった」というエピソードがあればお聞きしたいです。

志郎　中島翔哉はうまかったので、ずっとアンダーの日本代表に呼びたくて定期的にヴェルディに行ってプレーを見ていました。でも、全然守備には加わらず、ひたすら個人で攻めに行って、自分が点を取らないと気が済まないというタイプでした。「プラス１００点、マイナス150点」みたいなイメージです。

だから、ヴェルディからは何人か代表に入っていたんですが、翔哉は呼ばれなかった。自分より明らかに下手だと思っている選手が入っているわけだから、悔しさもあったと思います。

それで翔哉に何回かこういうことを言ってたんです。「翔哉は代表に入りたいのか？　俺は入れたいと思っているんだけど、代表はチームとして、連動して相手にプレッシャーをかけたり粘り強い守備をしたり、攻撃ではしっかりボールを動かして、いい状態になったら勝負しようという方針でやっている。翔哉はたしかにうまいけど、うまいだけじゃダメだ。小学生ならそれでもいいけど、これから世界大会に出場して強豪に勝つという目標を掲げたとき、守備しないやつがいたらその目標は達成できない。だから、はっきり言って、今の翔哉のプレーでは代表キャンプに来ても1回でダメの烙印を押されてしまう。仲間の協力がないといいプレーはできないし勝てないから、もっと仲間とうまく協力しないといけないよ」と。

こんな感じでずっと翔哉とやり取りしていたら、味方をうまく使うようになったり、守備もがんばるようになったりして、翔哉もだんだん変わってきたんです。

だから、「代表に入りたい」でも何でもいいんですが、目標をもつと、改善すべき点が見えてきて、変わるきっかけになることもあると思うんです。

変化した選手の例——植田直通

志郎　植田は性格的には寡黙で無骨な男ですね。アンダーの日本代表に身長186センチメートルの岩波拓也というセンターバックがいたんですが、世界と戦うにはほかにも大きい選手が欲しくてずっと探していたんです。そんなときに吉武さんがたまたま連れてきたのが植田だったんですが、センターバックをやったことがないどころかボールもまともに蹴れなかった。でも、中学3年生まではテコンドーをやっていて世界大会にも出場していたというだけあって、身体がすごくてスピードもあった。

吉武さんから「志郎さん、鈴木武蔵と植田の2人、つきっきりで指導していいから世界大会までに使えるようにお願い」って頼まれたんです。

たまたま、平岡和徳先生（熊本県立大津高校監督）がその冬の高校選抜の監督としてデュッセルドルフへ行く少し前、代表選手の活動を見たいと言って植田とセットで来られた。僕も平岡さんのことは知っていたので、植田にいろいろ教えなきゃいけないと思って、基本的なマークの仕方やボールを真っ直ぐに30メートル飛ばすキックの仕方など基本的なことをつきっきりで教えました。教えたことはすごく忠実に一生懸命にやる子だったので、「もしかしたら化けるかな」とは思っていました。

代表デビューは豊田国際ユースサッカー大会。最終戦でアルゼンチンと戦ったとき、岩波と組んで初めてセンターバックをやったんですが、0点に守り切ったのです。

その後も1カ月に1回ほどキャンプがあったので、いつも1対1の対応などたくさんの宿題を出しました。平岡さんからは「志郎、守備の基本は代表で教えてやってくれ。頼んだぞ」って言われちゃって（笑）。

植田は純粋で、その後もすごく一生懸命まじめに練習したので、どんどんうまくなっていきました。

植田の面白いエピソードがあります。合宿の1日前に、まぶたを10針くらい縫うケガをしたんです。「何をしたんだ?」って聞いたら、学校から自転車で帰る途中、先輩が見えたから隠れようとしたらバランスを崩して、コンクリートの壁にぶつかりそうになった。普通だったら避けようとするじゃないですか。でもあいつは、1回、思い切ってコンクリと勝負してやろうと、コンクリに向かって頭から突っ込んでみたと言うんですよ。

普通、コンクリと勝負しますか?（笑）

あいつは肝が座っているというか、誰に対しても何に対しても本当にビビらない。メキシコのキャンプに行ったとき、みんなに将来の夢を紙に書かせたら、「ワールドカップで優勝」とか「世界のレアルに入りたい」とか書くわけです。

でも、植田だけは違った。なんて書いてあったと思います？　夢が「血を流す」ですよ。意味がわからない（笑）。方法もいろいろ書いてあって、「血を流すとビビらない」と書かれていた。それを読んで、「もういい、わかった。おまえはとにかくがんばれ」と言うしかなかった（笑）。生粋のファイターです。

あいつは、肩甲骨の後ろが異様に盛り上がっているんです。テコンドーで鍛えた筋肉だと思うんですが、サッカー選手にはない筋肉ですよ。それで身長186センチメートルで、足がものすごく速いんだから普通に街で会ったらコワいですよ（笑）。

小学生からずっとサッカー漬けじゃないどころか、サッカーをちゃんとやり始めたのは16歳からで、それでワールドカップに出ている。

やはり、サッカー以外にいろいろなことを経験したのがよかったと思います。サッカーもクラブでちょっとやりながら、ほかにもいろいろな運動をしていたと思います。16歳からでも日本代表に間に合うという好例です。

変化した選手の例――中村航輔、喜田拓也

志郎　柏レイソルのゴールキーパー、中村航輔は最初の頃は失点を自分の責任にはしたがりませんでした。だから「まず自分がキーパーとしてもう少しできることがあったんじゃないかと考えてみなさい」「ボールがゴールの近くに来る前に、もう少しディフェンスに声かけようよ」「一番いいのはディフェンスをうまく動かして、シュートを打たせないことだよね」とアドバイスしていました。

シュートを打たれてキーパーが届かないところに入ったりすると、「世界のトップレベルの選手にフリーでいいところにシュートを打たれたら、キーパーに止めるチャンスはほとんどない。だから、ディフェンスと協力してフリーで打たせないようにしなければならない」と何度も言い聞かせたんです。

そうしたら、すごく時間がかかりましたが、やはりちょっとずつ変わってきました。そして、大人になってすばらしいゴールキーパーになりました。

横浜F・マリノスの喜田拓也は16歳でアンダー代表チームに呼んだとき、技術的にはあ

まりうまくなくて、体も小さく、代表に残れるような選手ではなかった。

でも、「うまくなりたい」という気持ちがすごく強くて、人の話をしっかり聞いて人一倍努力したので、すごく成長して代表に定着した選手です。

今ではマリノスでキャプテンをやるような選手になっています。

【解説】お客さんを感動させられる人は、フェイントがうまい

ビジネスや商売では、お客さんに「よいサービス（商品）」を提供することが大事です。

では、「よいサービス（商品）」とは何でしょう。

品質が高いのがよいサービスで、低いのが悪いサービスだと思っている人が多いのですが、違います。

自分が「よいサービス」だと感じた経験を思い出してみてください。「思っていたよりよかった」とか「思ってもいなかった親切な対応をしてもらえた」のように、自分の期待をよい意味で裏切られた経験のはずです。

つまり、「お客さんの期待値を超えるのがよいサービスで、期待値を下まわるのが悪いサービス」なのです。そして期待値を超えると「感動」が生まれ、下まわると「怒りや後

悔」が生まれます。

……という考え方は、ハーバード大学のＭＢＡで「サービスマネジメント」として教えられている内容だそうです。

この話を初めて聞いたときに、筆者は思いました。

「あれ？　これってサッカーでいうと、フェイントと似てるかも。フェイントって右に行くと見せかけて左に行くわけだから、相手の期待値を右に設定しておいてその期待を超えるってことですよね。だったらフェイントの要領で、お客さんの期待がどこにあるのかを汲み取って、よい意味で裏切ることができれば、ビジネスに役立つということかもしれない」と。

この気づきは、大正解でした。

どういうことか、ちょっと掘り下げていきましょう。

「お客さんの期待をよい意味で裏切る方法」はいろいろあります。

最近、買い物をして「この商品はほかのブランドのモノとは圧倒的に違う。感動した！」みたいなことはあるでしょうか。今のご時世、だいたいどこのメーカーからも似たようなレベルの商品が出ているので、そこまでの感動的な商品はさほど多くないと思います。

すなわち、「商品に対する期待値」という点でいうと、お客さんは「このくらいのモノだろうな」という期待値をすでにもっているわけです。そうすると、商品だけで大幅な期待値超えを生むことは難しい。

となると、それ以外のサービスを工夫することが大事になります。思いつきやすいところでいうと、「おまけをつける」。

この点、「◯◯をおまけします」と先に伝えているお店をよく見かけます。値引きの代わりにおまけすることで買ってもらおうという意図でしょう。

でもそうすると、お客さんにとってはおまけがついていて当然なので期待値超えは起こりません。それどころか、下手をすると「思っていたおまけと違った」なんてクレームをもらうことにもなりかねません。つまり、事前に伝えるのは「駆け引きではないおまけのつけ方」です。

なので、フェイント上手な商売人は、「おまけ」のことは絶対にお客さんには伝えません。

ただ、おまけフェイントも万能ではありません。自分がお客さんだとして、1回買ったお店でおまけがついてきて「おおっ！」と感動したとします。2回めの注文でおまけが入っていても、もう感動はしないわけです。

それどころか、もしおまけが入っていなかったら、「おまけが入っていると思って注文したのに損した！　サービスが悪くなった!!」のようにガッカリするはずです。

このように、期待値は経験とともにどんどん高まります。

ここまでの話を図にすると、次のページのようになります（図8）。

「おまけが入っている」のが期待値になると、そこで期待値超えを生み出すのもキツい。ギャップを生むためにおまけをグレードアップし続けると、コストも上がる。では、どうするか。

「お客さんが期待していない点（期待値ゼロポイント）を探し続けること」は大事ですが、おまけの例のように、見つけても1回しか使えないアイデアでは長続きしません。

そこで、「強みを活かしてコストを感じないサービス」をつくることを考えます。

たとえば、サッカーショップの店長さんが初心者のお客さんにいろいろ教えてくれることが価値になっているようなパターンです。

その店長さんにとっては、お客さんにサッカーのことを教えるのはたいしたコストだと

図8　感動のメカニズム（＝期待値超え）

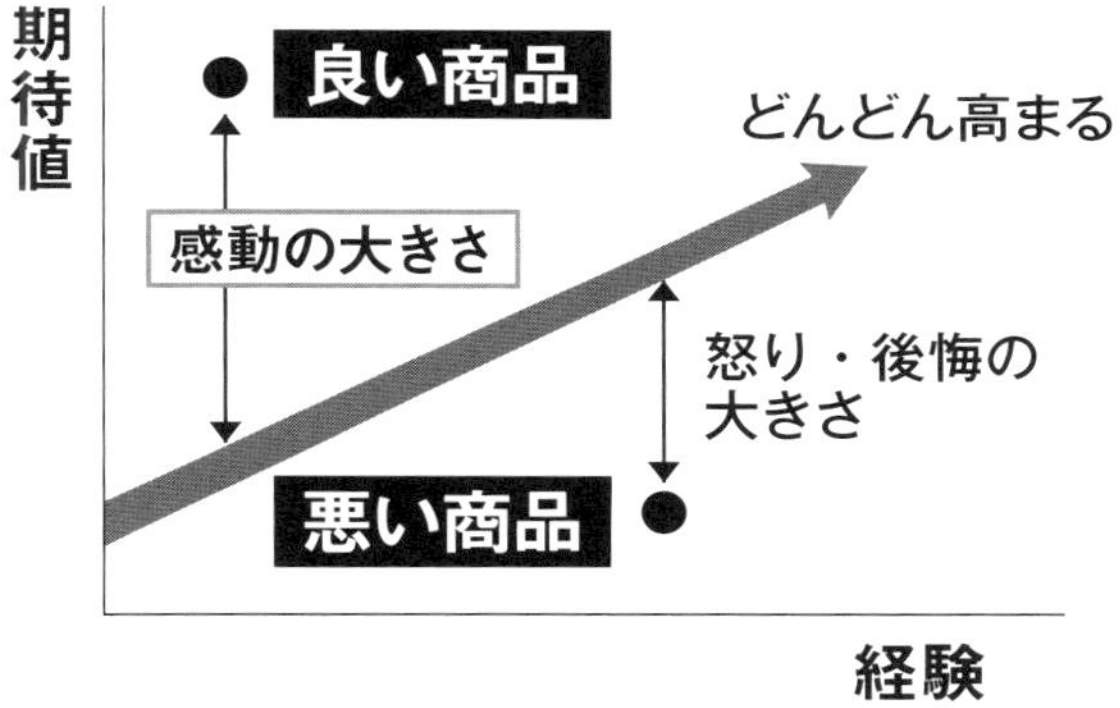

感じていなかったりします。楽しそうにしゃべっているだけ、というイメージです。

そうやって専門知識をちょっとずつ伝えることができれば、お客さんは常に「またいいこと教えてもらっちゃった」となりやすい。とすれば、強み次第で「長続きする期待値超えサービス」の形はいろいろ考えられるわけです。

ここまでの話を、志郎さんの語る「駆け引き」のエピソードと比べてみましょう。

「都並さんや松木さんはだんだんわかってきて、ここは打たないなと読んで滑ってこなくなる。僕らオフェンス側もさらにその上をいこうとする。それをやっているうちにディフェンスもオフェンスもどんどん賢くなって、お互いに読み合うレベルが上がっていく。柱谷哲二さんなんて、だまされてると見せかけてカットしにくるんですよ」

この話と本質的にまったく同じです。相手の考えを読んで、期待値超えをねらう。その繰り返し。

このことに気づけたあとは、筆者にとって「仕事はサッカーをやっているのと同じだ」という感覚になり、仕事が楽しくてしかたなくなったのでした。

第6章

「個を伸ばす指導者・保護者」と「個をつぶす指導者・保護者」の違い

ミスの評価

志郎さんは「子どもは評価基準で動く」と言います。

ということは、子どもをよい方向に導こうと考えたとき、子どもに直接教育をしたとしても、影響力のあるまわりの大人が適切な評価基準をもっていなければ成果は得られないことになります。もっと端的に言えば、「イケてない評価基準がすべてをダメにする」ということです。

よい評価基準を身につけるためには、「サッカーでは因果関係が複雑にからまり合って得点やミスが生まれている」というものの見方が大事です。得点はシュートを決めた人だけの手柄ではなく、失点もディフェンス陣の誰か一人の責任ではない。相手も含めた22人全員の動きが相互作用した結果として起こっている、という見方です。

ビジネスでいうなら、経営・マネジメント側が、契約を取った営業パーソンだけを個人表彰したり、緊急トラブルを解決したスタッフだけを個人表彰したりしていると、見えないところで地道な顧客サポートをする人や、そもそもトラブルが起こらないように丁寧なサービスを心がける人などが育ちにくい環境になってしまう、みたいな状況でしょうか。

目先の結果を追うあまり、消耗品のように人を扱ったり、よかれと思って無意識に成長を妨げる関わりをしたりするような「個をつぶす」環境をつくらないために、本章では、指導者や保護者がどのような視点や基準で子どもに接するのがよいのか、「育成の本質とは何か」を中心テーマにして掘り下げていきましょう。

――指導者として「ミス」をどうとらえたらよいか、についてお聞きしたいです。

志郎　そもそもサッカーはミスの多いスポーツです。それを指導者にも子どもたちにも保護者にも理解してほしい。だって足でやるんだから（笑）。なので「ミスをするな」「ミスしないようにしろ」と言うのはダメです。子どもたちは頭ごなしにそう指示命令されることでますます萎縮し、ミスの確率が格段に上がってしまいます。

そうではなくて、「サッカーはミスが多い競技だよ。プレー中はミスをしたあとに、いかに素早く次のプレーに切り替えるかが大事。そのあとで、なぜミスをしたか、どうすれば同じミスを繰り返さないで済むかを振り返って考えよう」と指導することが重要です。「何やってるんだ」とか「ミスをするな」だけだと、次もミスするんですよね。メンタルの部分はすごく大きい。「ミスしたら嫌だな」と失敗をイメージするとだいたい失敗します。

その経験は僕にもあります。相手が格下とか自分が調子のいいときは、自信をもって「どこにパスを出しても通る」という感じでプレーできるのですが、相手がちょっと強くなったり、自分のミスが何回か重なったりすると、「パスを出したら相手に取られるんじゃないか」とついネガティブなイメージをしてしまう。たとえば、セルビアのレッドスターと戦ったときは、「どこにパスを出しても取られそう」という感覚でした。そんな後ろ向きな気持ちになると、本当なら今は前に攻めのパスをしなきゃいけないのに後ろへのパスを選んでしまうなど、ちょっと安全な策を取ることはよくあります。そういうときはだいたいミスしますね。

――ミスしたあとはどうするんですか？

志郎　まず、**どんないい選手でもミスはします。だから、ミスを必要以上に気にしすぎてもいけない。ただ、ミスをするときにはもちろん何らかの原因があります。いいプレーをするための準備などが欠けていれば、それを自分で考えて改善しなければなりません。**たとえば、ボールが来る前の準備がちゃんとできていなかったのであれば、もっとよくまわりを見て少しでも相手と離れてポジションを取るとか、相手のことを見やすいポジションを取るとか。気持ち的に前向きにやることが必要ですよね。

清水エスパルスとＰＫ戦をやったとき、僕の前に２人が外しました。僕の番になったとき、ボールを持って歩きながらゴールキーパーのシジマールの動きを見ていたんですが、腕が長くて「どこに蹴っても届きそうだな」とまるで決められる気がしなかった。前の2人は左右どちらのゴール隅に蹴っても止められていたから、もう蹴るところがないなと。それで最後の最後で「もう正面に蹴ろう」と開き直って、蹴ったら入ったんです。どんな子どもでも難しい状況に立たされることはあると思うんですが、土壇場で「ベストを尽くせば、結果はどうなってもいいや」みたいに開き直ることも大事だと思います。

失点は三つか四つのミスが重なって起こる

――「ミスした責任」というのはどうとらえたらよいですか?

志郎 ミスが正しく検証されることは少ないんです。失点が「誰か一人のたった一つのミス」で起こることってあまりないんですよね。ミスが三つ四つ重なっていることが多くて、そのうちの誰かのプレーが変わっていたら、この失点はなかったというケースがほとんどです。「このキッカーに対して、このマークがあと1メートル寄せてここに立っていたら」とか「キーパーがここに声をかけていたら」とかね。

一人の選手が失点の責任を全部背負わされると、苦しいじゃないですか。だから、僕はいつも子どもたちに、「だいたい失点は三つか四つのミスが重なって起こるから、一人の責任じゃないよ。みんなが声をかけ合ったり、一人ひとりがポジションを修正したり、自分ができることを少しずつプラスしてやったほうがいいんじゃない？」「この失点は一人のミスじゃなくてチームとしてやられたよね。ここでもう少しみんなで何かできていれば、守れていたんじゃない？」と問いかけています。

逆に点を取れなかったときも、「もうちょっとこのパスがよければ」「もうちょっとこのポジションがよかったら」「もうちょっとトラップがよければ」のように、原因が複合的に重なっている。

サッカーとはそういうスポーツで、点を取るときも取られるときも、その原因は個人だけにあるのではなく、みんなにあるという考え方がすごく大事だと思います。

ミスした子に感情をぶつける大人

志郎　子どもがミスしたとき、「何やってんだ！」と感情をぶつけてしまう保護者をよく見かけます。同じ年齢でも昔の保護者のほうが成熟度は高かったし、大人らしかったですよね。

子どもたちは大人の目をすごく気にするから、自立を促す方向にいかないとダメなんですよね。

――ちなみに、志郎さんが読売クラブでやっていたときの保護者はどういう感じだったんですか？

志郎　僕らの時代の保護者は、よく見に来てはいたけど、サッカーに関しては何も口出ししなかったですね。最近の保護者のほうが知識はあるので、コーチのようなことを言いたくなる。でも、子どもにしてみればコーチから散々ああしろ、こうしろと言われたうえに、「なんでお父さんからも言われなきゃいけないんだよ」となる。さらに仲間からも言われて、もう何重にも指示・命令・助言が覆いかぶさってくるので「またかよ」ってうんざりして、最終的にはやる気がなくなってしまう。本当にコーチが多すぎるのはよくないです。

――教えたくなるのは、知識量が中途半端に少ないときだと思います。そういうときって、もっている知識を全部出したがる。逆に知識が多い人は「全部は教えられない」と悟っているから、相手の準備ができたときに必要なことを伝える感じになります。

志郎　まさにそうですね。保護者は、考えるきっかけを与えてあげたり、基礎的な原則を教えてあげたりすればいいと思うんですよ。たとえば、ディフェンスなら「裏を取られちゃダメだよ」「簡単に抜かれちゃいけないよ」とかね。

また、保護者が子どもに対して、「どうして試合に出られないの？」「なんでいいプレーできないの？」と問い詰めると、子どもは都合のいい言い訳をします。よくあるのが、「あのコーチ、俺のこと好きじゃないから」とか「仲間がパスをくれない」とか、自分じゃなくて、他者に責任を転嫁して言い訳をするパターンです。

決して意味のある行動ではないですが、保護者や指導者などの大人から逃げ場のない聞き方をされたら、やはり子どもはなんとか自分を守りたいという気持ちが生まれて、このような言い訳をしてしまいます。これは子どもが悪いのではなくて、子どもを追い詰めるような聞き方をする大人が悪いんです。

――「なぜそうしたの？」という「過去へのWhy」の聞き方は、できなかった理由を問うているから、論理的に考えて必ず「できなかった言い訳」が返ってきますよね（笑）。

志郎　その他責な言い訳を保護者が鵜呑みにすると、不満や攻撃の矛先《ほこさき》がコーチや仲間に行く。そうなるともうどうしようもないし、誰のためにもならない。一生懸命なんだけど、子どもにどう接して関わっていくか、何を伝えて何を考えさせたらいいのかということがわかっていないと、感情で動いてしまうんですよね。

腹が立ったから怒るんじゃなくて、「この子が変わるきっかけをつくるには、どんなことが必要なんだろう」という考え方が必要なんです。

子どもがミスしたときには責めるんじゃなくて、まず「○○の責任ではないよね」「サッカーではこういうことってよくあるよね」「ほかの人はカバーできなかったかな?」と言ったうえで、「次にこういう場面があったときに、どうやったら守れるんだろう?」「あのとき、何ができただろうか?」と子どもに自分で考えさせることが大事です。

そうやって、その後うまく問題解決できるようになると、子どもは「こうやればいいんだ」と一つ学んで自信がつきます。**自分で考えて実行したことで得られる自信は、人から指図されてついたそれとは比べものにならないほど大きいんです。**

——子どもがみんなと違う答えを選んで間違ったとき、保護者が「なんで間違ったんだ」と言うのと、志郎さんのお父さんのように「たとえ一人でも自分が正しいと思うほうに手を挙げられたのは偉い」と言ってくれるのでは、形成される価値観がまったく違ってきますね。

志郎 本当は「自分はこっちだ」と思っていても、みんなにつられて違うほうを選ぶというのではダメ。人と違うことを恐れないことが大事なんです。

人と同じほうを選んで正解であっても、なぜ合っていたかもわからない。「みんなと同じ方向に行ったら合うんだ」と、本質とは違うことを学ぶ。そうすると次もそうなって、いつのまにか全員で間違っていくといったことが起こります。

「評価しない」という態度の大切さ

――「何でもかんでも評価しようとしない」という態度が大事だと思うのですが、どうでしょう？

志郎　みんな人のことを評価するのが好きですよね。しかもあとから評論する。休日にプールや海へ泳ぎに行ったとき、保護者は「もっとこうやって泳いだほうがよかった」とか言わないですよね。でもサッカーになると、そうなるでしょう。みんな評論家になってしまう。「あのときこうしたのがよくなかった」とか「誰を代えたほうがよかった」とか。あとからなら誰でも何でも言えますよね。

3日くらい放っておいて、自分たちで少し考えさせればいいんです。大人抜きで子どもたち同士で試合をやっていると、みんな自分で考えていろいろなことを試しているけれど、いざコーチが入るととたんに硬いサッカーになってしまう。

でも、**指導者が「何もしないで見守る」って難しくてなかなかできないんですよね。**やはり保護者から見られているということもあるし、積極的に指導したほうが「一生懸命、子どもたちにぶつかってます、教えています」という「やってる感」をアピールできて楽ですからね。

――ちゃんと「お題」を提供できれば、あとは自分たちで回答を出すプロセスは見守っているだけでいいんですけど、そのお題の設計が簡単ではないんですよね。「何もしてない」のと「何もしてない風」は、似て非なるものだなと思っています。

志郎　与えるところと、見るところがきちんとしていればいいわけです。**何に対して考えて答えを出すかというお題の設定を明確にしなければいけないですね。ヨーロッパでは、すごく年配の指導者がいて、いろいろなことを知っているから、基本的にはじっと見守っていて、大事なところだけちょっと話をしたりします。**

日本で多く見かける評価は、ワンプレーに対するダメ出しです。全体を通してすごくがんばっていたのに、たった一つだけのプレーを責めてもしかたがないし、選手がかわいそうです。

――最近は、ワールドカップでも走行距離とかデータがしっかり出ますよね。すると「あの選手は走行距離が少ない」と批判をする人がいます。指標の本質的な意味や全体の因果の流れをあまり考えないで、数字の大きさだけで評価する人が多いというか。

志郎　「たしかに走行距離も大切だけど、走りの質はもっと大切だよね」って思いますよね。たとえばメッシやネイマールなどは、走行距離は長くないけれど、相手をよく観察して自分の役割をしっかり果たすし、常に面白いことをねらっているじゃないですか。大舞台でも技ありのシュートやトラップをやったりする。

——ディフェンスなんかは、本当にポジショニングがうまかったら、自分がついている相手にパスが来ないですよね。

志郎　そうですね。ある程度きちっとマークしたらそこにはパスは出せません。だから、**データに引っ張られすぎないように、「ボールを持っていないときも大事」ということをしっかり教えてあげなきゃいけない。何がうまくいっていて、何がうまくいっていないのかを、大人が気づかせてあげることも大事だし、子どもも自分で気づけるようにならなきゃいけないわけです。**

——大切なことは目に見えない。

志郎　だからそこに目が、意識がいかないんです。そもそも保護者は自分の子どもをよく見ているはずだから、本人が気づきにくい部分について「さっきこういうふうになっていたね」と客観的な事実をフィードバックをしてあげられるといいんですよね。

それなのに、「なぜうちの子はボーッとしてるんだろう?」と思っていてはもったいない。良いプレーと悪いプレーを整理したほうがいいのです。

僕は子どもたちに良いものを提供するため、また指導者として成長するために、常に新しいものを探し、いろんな人の指導方や哲学などいいところだけを学んできました。

しかし、最近は人の悪いところを見て人を評価したり批判するのをよく目にします。みんながお互いの良いところを見て、お互いの良いところを取り入れていけば、みんなが良くなるのにといつも思っています。

――志郎さんと同じような考え方の指導者は、割合的には多いですか？

志郎　少ないですね。やはり勝つことへの意識が強いです。今は特に若い指導者が多いんですよ。というのは、どこのアカデミーもたくさん予算があるわけではないからです。

若い指導者だと、子どもの将来を担っているという感覚よりも、自分の指導法を確立したいという思いのほうが強いですね。

さらに、結果を出さないと長く指導者としてやっていけないというプレッシャーや、認められて上のカテゴリーにステップアップしたいという欲求もあるから、どうしても勝つことが最優先になってしまう。

だから勝ちにこだわりすぎてよくないことが起きるのです。

――自分に子どもができたときに視座が変わって、子どもの将来を考えることが自分ごと化する、みたいなことはありますか？

志郎　多いですね。相手がプロ選手であれば、目の前の結果を出すために指導するというのでいいと思います。でも、子どもたちにとってコーチは彼らの成長にとても影響力がある立場です。

子どもは将来の世界を担っていく宝ですし、クラブの財産なので、いかに若い選手たちを楽しませながら成長させるかが最重要事項です。さらに言うと、自分たちで主体的にサッカーに取り組ませながら、自分でできることを増やしていったり、判断力を高めさせたりしていく。それがサッカーの国力にもつながるし、個々のいい人生にもつながる。

大人の言葉は子どものもののとらえ方や考え方、生き方など、将来に大きな影響を及ぼすのでとても重要なんですよね。僕ら大人の言葉が、子どもたちが変わるちょっとしたきっかけになればすごくうれしいです。

【解説】育成の本質は、より短い期間で変われるように支援すること

ここまでのところでお気づきのとおり、志郎さんは「失敗」の大事さを繰り返し語ると同時に、「近視眼的な評価をしたがること・されたがること」の弊害を問題視しています。

志郎さんと対話するなかで、思いついたのが次のページの図です（図9）。

図9　育成の本質は、より短い期間で変われるように支援すること

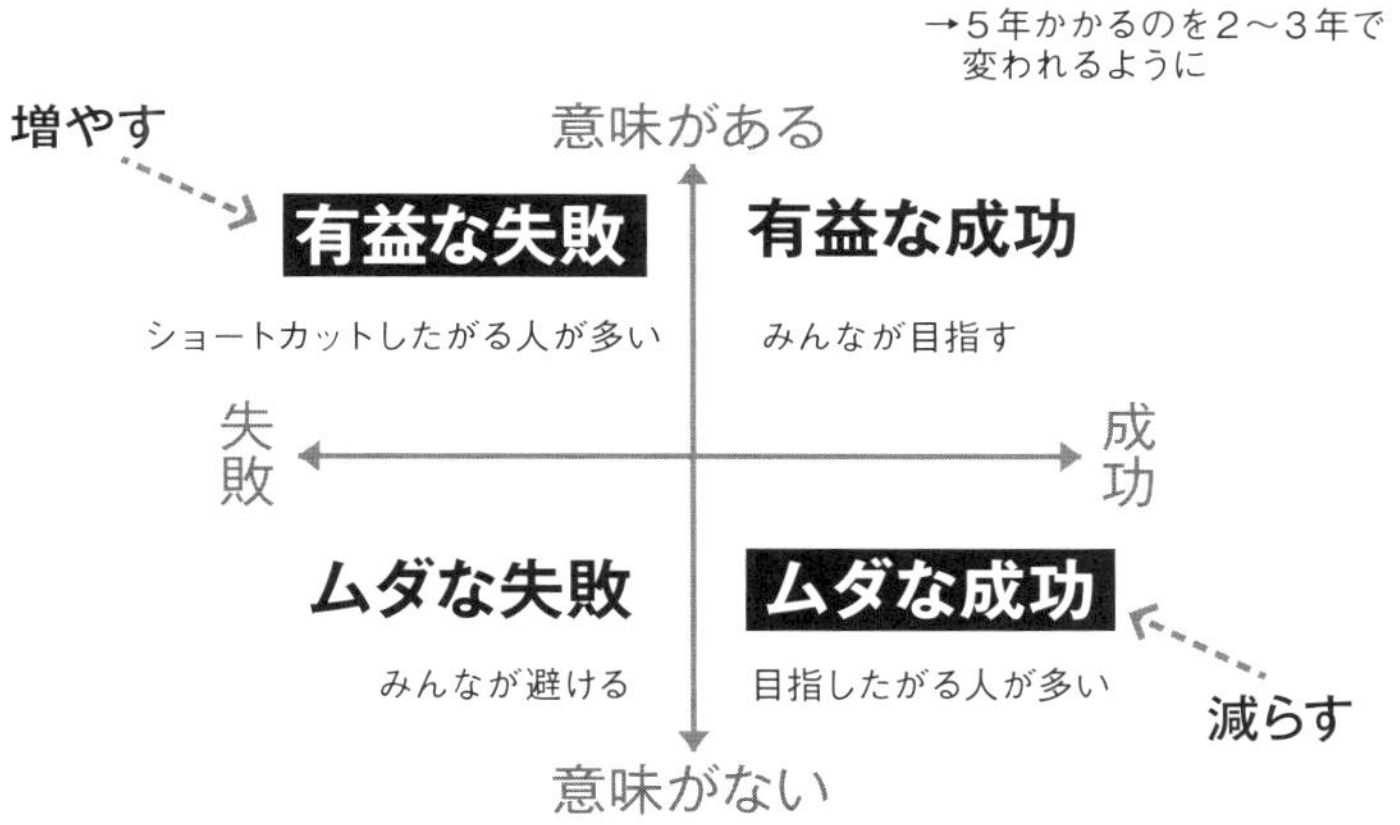

成功と呼ばれるもののなかに「有益な成功」と「ムダな成功」があり、失敗と呼ばれるもののなかに「有益な失敗」と「ムダな失敗」がある、という考え方です。

「有益な成功」はみんなが目指すものであり、「ムダな失敗」は誰もが避けようとするのは当然なので、ポイントになるのは「ムダな成功」と「有益な失敗」です。

ムダな成功というのは、志郎さんの言うところの「子どもの頃から勝ちにこだわるあまり、プロセスを犠牲にして得た結果」とか「意図的にファウルをして得たずるい勝利」が典型です。

ビジネスでいうなら「売上至上主義のもと安易な値下げで目標達成すること」や「お客さんのためにならない商品の押し売り」など

にあたるでしょうか。このように表現すると、そんなことをする人は少ないようにも思えますが、**現実には「結果がすべて」という価値観のもとで、多くの人が「ムダな成功」を目指している傾向にあります。**

このことをさらに深く考えるのに役立つのが「結果と成果の違い」という視点です。筆者は、苗木店の店長さんからこんな話を聞いたことがあります。

「植物が実を結ぶことを『結果する』と言います。ただ、食べてみたらあんまりおいしくないし、サイズも小さかったりすると、それは『結果した』とは言えるけど『成果』とは言えないのではないか。**『成果』というのはたぶん、結果のなかに、つくり手の思いや顧客が喜ぶ価値が実現したときにそう呼べるんじゃないかな。だから結果を焦らず、成果を待ちましょう」**

そういう意味で「成果がすべて」と考えると、「ムダな成功」は目指すべきものに含まれないことになります。

そもそも「結果がすべて」という考え方は、「結果につながらないプロセスには価値がない。だから結果が出るようにプロセスを改善し続けることが大事」といった意味合いであって、「結果を出すためには手段を問わない」という意味合いではないはずです。

最後に、「有益な失敗」です。

志郎さんの言うように、**失敗を恐れたり、目先の効率を求めすぎたりすることで「有益な失敗」をショートカットしたがる人は、長い目で見て成長しません。**

このように考えてくると、育成の本質というのは、「ムダな成功」を減らし、「有益な失敗」を増やしてあげることで、より短い時間で変われるように支援することになります。よい指導者や保護者の役割は、そこにあるのです。

第7章

グローバル時代の育成

勝てなかったチームを1年半で全国優勝へ

志郎さんは、２０１８年に中国スーパーリーグの広州富力足球倶楽部から招聘されて移籍し、U－13のチームを1年半で全国優勝に導き、自らも最優秀監督賞を受賞しました。

広州富力のアカデミーは、最優秀育成アカデミーとして、中国サッカー協会から選ばれました。それらの結果が評価され、クラブから「育成部門全体を統括するアカデミーダイレクターになってくれないか」というオファーをもらって就任。つまり「コーチのコーチ」になりました。

広州富力のアカデミーには、日本人コーチ14人とそれ以上の中国人コーチや通訳がいて、指導は英語をメインに行われています。

志郎さんは、「日本と中国で文化や価値観の違いはあっても、育成の本質は変わらないということがわかった」と言います。具体的には中国でどんな指導をしているのでしょうか。

本章では、異なる文化や価値観を大切にしながら成長を支援する「グローバル時代の育成」を中心テーマに話を聞いていきましょう。

志郎　中国で1年半やってみてわかったのは、日本も中国も変わらないということです。

育成で大事なことは、「成功体験→学習欲→成長」のループなんですよね。新しいことに挑戦して、試行錯誤しながら成功体験を得る。そうすると、もっとうまくなりたいという学習欲が生まれてきて、自分から次のチャレンジを探しにいくようになる。それをぐるぐる繰り返しているうちに成長していく。

中国に赴任した春の時点では、広州富力U-13は勝てないチームでした。最初の全国大会では12位。その年から始まったリーグ戦（南華）では、8チーム中4位。サッカーの戦術をあまり知らなくて、小学生レベルのサッカー知識しかない状態でした。でも、知識がないというのは、単に「知らない」というだけのことなので、まずは春から夏にかけて技術、判断力、戦術理解という基礎を徹底してやっていきました。

その結果、秋の全国大会で準優勝するところまでいけたんです。

――勝てなかったチームが1年も経たないうちに全国大会でいきなり準優勝ってマンガみたいな展開ですけど、育成の内容面としてはどういう感じですか？

志郎　そのときは「勝ちにいった」んです。クラブ側からは「ベスト8に入ってほしい」と言われて「この短期間では難しいですよ」と返していましたが、最初に結果を出すことで信頼を得られればいろいろやりやすくもなりますからね。

対戦相手の分析をして、選手たちには戦術を指示しました。それと独りよがりではなく、チームプレーを重視することを徹底していきました。

選手たちがよくやってくれたので勝つことができて、やはり勝つと目の色が変わってくるんですよね。みんな自信がついてサッカーにのめり込み始めて、「こういうときはどうしたらいいのか?」と急に質問しまくられるようになりました（笑）。

――それで、だんだんサッカーを見る目の解像度が上がってくるわけですね。指導のイメージとしては、「正解を教えて、みんながミスなくできるようにした」という感じですか?

志郎　そうですね。ただ、**すべて自分の指示どおりにさせようということではなくて、自分の知識や経験上から見えている「こうすれば勝てる」という戦術は教えて、その先に選手たちが自分で考える余地をつくるんです。**そうすれば、コーチに依存して「次はどうしたらいいですか?」って何でもかんでも聞いてくるということにはならないし、成功体験も「言われたとおりにやったら勝てた」ではなく「自分たちの努力が実った」と思えますからね。

――具体的にはどういうことを伝えていったのですか?

志郎　まず「ファウルはするな」ということです。理由もきちんと伝えます。「失点は半分以上セットプレーからなんだから、ファウルをしなければ失点も減るだろ」「ファウルに依存していたらディフェンスがうまくならないだろ」「自分が足を蹴られたら嫌だろ」って。

でも、勝ち負けだけを基準にして、「ファウルしろ」という指導をする人も多いんですよね。僕は勝つことよりも大事なことがあると思っています。一番大事なのは「コンセプト」を貫くことです。コンセプトといえばＦＣバルセロナを思い浮かべる人が多いと思いますけど、あれはヨハン・クライフが自分の美学をアヤックス・アムステルダムとＦＣバルセロナで「コンセプト」として貫いてできあがったものです。

あと、**チームプレーを重視するという点では「ミスを他人のせいにしない」ということを伝えます。ミスを他人のせいにするとどうなるかを考えてもらうんです。**みんなでちょっと考えれば、「自分がうまくならないし、相手も嫌な思いをするので、関係も悪くなっていく。結局、個人としてもチームとしてもうまくも強くもならない」ということが理解できます。

サッカーって、五分と五分だと人間性とか考え方で差が出るんですよね。だから、1月に中国へ行ってからそういったことをずっと言い続けて、考えるきっかけを与えていました。そうしたら、9月くらいから子どもたちが変わり始めた。

さらに、2年めには全国大会で優勝したんです。しかも、フェアプレー賞をもらえたのがすごくうれしかったんですよね。

——そんなにうまくいくものですか？　具体的にはどんなところがポイントだったのでしょう？

志郎　中国は北部へ行くと体の大きい選手が多くて、そういう選手をたくさん集めているところが多いんですけど、うちのチームは背も大きくなくてフィジカルが強くないので、緻密さで対抗するようにしたんです。ポジショニングとお互いのサポートの意識を徹底するようにして。あとは判断力と技術です。

——判断力が高いというのは、具体的にどういうことを言いますか？

志郎　**まず、「選択肢を増やす」ことです。**ある局面で、自分にいくつ選択肢をもてているか。いい選手は選択肢をたくさんもっています。逆に、ダメな選手は選択肢が少ない状態でプレーをしています。トラップしたときの体の向き一つで、選択肢の数は変わってきますよね。

次に「優先順位」の理解です。味方の位置、相手の位置、戦術とか試合の流れなどを考えて、どの選択肢が有効かを決めます。そのために大事なのはロジックです。判断基準に照らして、それぞれの選択肢のメリット・デメリットを比較します。

その基準として大事なのは「相手の思考」です。相手が予測しやすい選択肢は、うまくいかない可能性が高い。逆に、予測しにくい選択肢を選ぶことができればチャンスも大きくなりますよね。だから、常に相手は何を考えているだろうかということを意識しておく。

それによって「駆け引き」がうまくなります。メリットが大きいけれど読まれるデメリットも大きい、という状況で、違う選択肢を取るように見せかけておいて、最初からやろうと決めていたプレーをすれば、相手を崩すことができます。

――その「ロジックで判断する」というのも瞬時のことですよね。

志郎　そうですね。直感でやっているように見えるかもしれませんけど、ロジックが大事なんです。

コーチとしても同じで、このあいだの試合でうちはフォーメーションを3バックにしたんですけど、まわりの人から「4バックのほうがいいんじゃないの」と言われたんです。でも、「僕が3バックを選択した理由は七つあるんです」と言って説明したら、みんなびっくりしていました（笑）。

アカデミーダイレクター（コーチのコーチ）を引き受ける

志郎　全国大会で優勝したあと、クラブから「育成部門全体を統括するアカデミーダイレクターをやってほしい」というオファーをもらいました。

まさか自分でもこんなことになるとは思っていなかったんですけど、全国優勝するまでの1年半の選手たちやチームの成長や僕の指導法を見て、信頼してもらえたのかなと思っています。育成全体だとU－8からU－16まで9チームあって、選手300人、コーチングスタッフが数十人もいるので一気に忙しくなりました。

ここ何年か、中国のサッカー界では、ヨーロッパ各国や南米ブラジルなどの名クラブから指導者を呼んできていて、ある意味、「誰が中国の選手たちを一番強化できるか選手権」が行われているような状況なんです。

一流選手やワールドカップ優勝経験のある監督を連れてきて、トップリーグのレベルは上がってきましたが、今はまだ中国代表チームはそれほど強くなっていません。だから「やはり育成が大事だ」ということになってきているのですが、育成は時間がかかる。でも短期間での結果も求められる、ということで自国のやり方を押しつけるような形になってしまうことも少なくないようです。

ただ、それだと長い目で見て、うまくいかないことが多い。それで「ヨーロッパや南米よりも同じアジアで育成に成功している日本のほうが向いているのではないか」という流れになっている部分があります。

今回、僕の場合はアカデミーダイレクターとして複数年契約で、クラブからは「クラブと子どもたちを正しい方向へ導いてほしい」「いいキャプテンを育ててほしい」と言われました。

日本ではそういうことを言われたことがないので、面白いと思ったんですよね。まずはコーチみんなで「いいキャプテンとは何か」というところからディスカッションしようと思っています。

――ダイレクターの仕事って、「コーチのコーチ」ということですよね？

志郎　そうですね。僕が今までU－13でやっていた「攻守に主導権を握る」というスタイルのサッカーを実現するために、どういう練習や指導が必要なのかを各カテゴリーの監督やコーチに落とし込んでいくのがメインの仕事になります。

といっても、日本も中国も育成の本質は変わらないということがわかったので、伝えることは同じです。

仲山さんを相手に話を聞いてもらうことで、最近、自分のなかで言語化が進んできたので、これまでのダイジェストみたいになりますけど、また聞いてください（笑）。

まず「リスペクト&フェアプレー」。相手を尊重しよう、相手は敵ではなく、お互いを高め合うための仲間だということ。審判を尊重しよう。保護者を尊重しよう。クラブを尊重しよう。上のクラスの選手はいいプレーをして憧れられ、下にはアドバイスをするのがいい上下関係だということ。

ラモスさんが15歳の僕に「オーバーラップしたときパスくれたけど、俺をおとりに使ってもいいんだよ」とアドバイスをくれたこと。ほかにも、僕が取られたボールを30メートル全力ダッシュで追って取り返してくれたこともありました。

そうやって、「チームや仲間のために走るのが当たり前なんだ」ということを身をもって教えてくれたんです。そういう姿から学べるためには、受け手のセンスも大事です。ボーッとしてると大事なメッセージを受け取れない。僕の場合、そこは父のおかげで鍛えられたと思います。

次に「ズルしても勝てばよい」ではないこと。負けからも学べることがたくさんある。

実際、子どものときに優勝した代はあまり伸びていない。目的は勝つことではなく成長することなので、勝っても負けてもその結果からいかに学びの取れ高を多くできるかが大事です。だからクラブにも「時間がほしい」とずっと言い続けていました。

学びの取れ高を多くするには、うまくいっていないことをうまくいくように試行錯誤する経験が大事です。そのためには、そもそもうまくいっていないことに気づけるかどうかです。

ヴェルディは5対0で勝ってもダメなプレーはダメと言い合う風土がありました。また、ヴェルディはほめない。オッケー基準が高いから、「プロで活躍するためなら当然のこと」であればほめません。その基準は選手も指導者も共有しているから、ほめられなくても気にならない。

教えなさすぎるコーチもダメ

――選手が自分たちで考えられるように育成していくスタイルのコーチというのは、中国でも少ないですか？

志郎　少ないですね。やはりスポーツの世界では、指導者が技術でリスペクトされると選手たちがいろいろ聞いてくるというのがあります。自分より下手な指導者の言うことにはあまり耳を貸さない。

でも、**技術が高いことに依存して選手に言うことを聞かせるスタイルだと、そのうち失敗します。子どもたちは「考え方がわからない」ので、原則となる考え方を伝えられないと成長していかないからです。**

僕は、日本サッカー協会で指導者のインストラクターになって、「子どもにサッカー理解を深めさせるやり方」の大事さに気づくことができました。

僕自身、指導者になって最初の頃はプレーを見せていたんです。僕よりうまい子はいないので、だいたい言うことは聞いてもらえました（笑）。

ただ、自分の考えがだんだん言語化できるようになっていくうちに、意外と言葉で伝えるのもいいなと思うようになったんですよね。

子どもによっても違いがあって、見て学ぶタイプ、言葉で理解して学ぶタイプ、自分でやってみて学ぶタイプなど、いろいろいます。要は、それぞれに合った伝え方があるとわかったんです。

もともとは、協会の小野剛さんに「子どもたちに志郎みたいな感覚を伝えてほしい」と頼まれてインストラクターになったのですが、「志郎みたいな感覚」ということのなかに「論理的に考え、話せるか」というのが含まれていると思います。

レアル・マドリードに移籍したときの久保建英選手のインタビューを見ていても、「なぜその選択をしたか」を自分の言葉でロジカルに話せている印象がありました。そうなるためには、子どもに接する保護者やコーチが感情的なだけじゃダメで、ロジカルであることが大切だと思います。

――「コーチのコーチ」をやるにあたって、大事だと思う視座・視点はどんなことでしょう？

志郎　僕自身、選手のときは「どうしたら相手の守備を崩せるか」ばかり考えていましたけど、今は「どうしたら子どもが変われるか」ばかり考えています。

やはり、教えすぎても教えなさすぎてもダメなんですよね。僕も広州富力で知識を教えつつ、選手が自分たちで考えられるようになるまで1年弱はかかりました。

さらに先のことを言えば、**育成というのは、もし僕らがいなくなってもいい文化が残るような指導が大事です。だから、コンセプトを伝えられる人をコーチに置くことが何より大事だと思っています。**

【解説】優しい漁師が新米漁師にしてやれるアシストとは何か

志郎さんは、グローバルになっても育成の本質は変わらないと言いました。

中国に来たとき、選手たちのサッカー知識があまりないところからスタートしたといいます。そこから1年弱かけて「自分で考えて動ける状態」まで育成できたというのは、まさに「より短い時間で変われるように支援する」という点で、お手本のような事例です。

そこで、ここでは「育成としてやること」の解像度を上げるために、自走支援のポイントを考えてみたいと思います。

というわけで、お題です。

【問】あなたはベテラン漁師だとします。近所に引っ越してきた新米漁師がいて、どうやらずっと魚が釣れない模様です。かわいそうなので、相手のためになる手助けをしようと思います。さて、何をしますか？

（1）魚をあげる
（2）具体的な魚の釣り方（魚がいる場所や仕掛けなど）を教える
（3）それ以外

ポイントは、「相手のためになる手助け」という部分です。

筆者は「（3）それ以外」と考えています。

「（1）魚をあげる」がダメな理由は、相手を依存させてしまうからです。感謝はされるでしょうが、そのうち「また魚ちょうだい」と頼られることになり、自分のためにも、相手のためにもなりません。

「（2）具体的な魚の釣り方（魚がいる場所や仕掛けなど）を教える」は、一見よさそうです。釣り方は教えるけれど、自分でやってみてもらうわけですから、依存させる感じではない。でも、具体的な釣り方（やり方）を教えられると、教わる側は「暗記モード」になりがちです。覚えるだけでも十分忙しいので、考えることなく、鵜呑みにしてしまう。自分で何も考えていないから、状況が変わって今までのやり方が通用しなくなったらお手上げです。「新しい釣り方を教えて～」と、またあなたのところへ聞きにくるだけです。

元サッカー日本代表の監督、イビチャ・オシムさんが、こんなことを言っていました。

〈今の日本は外国の漁師から高値で魚を買ってばかりいる。そろそろ〝自分たちが欲しいのは魚ではなく、魚の捕り方だ〟と言ってもいい。簡単には教えてくれないだろうが、経済危機はその秘訣を手に入れる好機になるかもしれない。（中略）もっとも、教えられた捕り方をそっくりマネて、うまくいく保証はないが。人材育成はアートに近く、投資の割に効果が出ない覚悟もいる〉

わかりやすく意訳すると、「高いお金を払ってキャリアのある外国人選手を獲得してくるより、自分のチームで選手を育成する方法をマスターしたほうが安くあがるよ。昨今の経済危機でふんだんにお金を出せない状況になったことは、方針転換を決意するいいチャンスかもね。でも、選手を育成する〝具体的なやり方〟だけを教わってきて表面的にマネをしても、うまくいかないかもしれないよ」ということです。

まさにベテラン漁師（オシムさん）が、新米漁師（日本のクラブ関係者）にこうアドバイスしているのです。

そこで、先ほどのお題の回答として「(3) それ以外」を推すところにつながるわけですが、では、「相手のためになる手助け（アシスト）」をするために、具体的にはどういうことが大事なのでしょう。

それは、**「『釣り方を編み出せるようになるため』の魚の観察の仕方を教えること」です。言い換えると「魚を観察する視点、魚の視座」を教えること。**

そうすれば新米漁師は、苦労しながらも自分で試行錯誤することで、漁師として真の実力を身につけていく。誰かに依存する必要もない、自立した漁師になっていく。これが長期的に見て「一番優しいアシスト」です。

志郎さんが「戦術は教えて、その先に選手たちが自分で考える余地をつくる」と言っていたのは、時間とのかね合いのなかで、結果と育成のバランスをチューニングしているということなのです。

第8章

サッカーから学んだことを通して幸せになる

「どこでも誰とでも活躍できる人」を増やしたい

サッカーは、仕事や人生と通じるところが多いスポーツです。なぜなら、スポーツのなかでもっともルールが少なく自由であり、反則も「人を殴ったり蹴ったりしてはいけない」というシンプルなものばかりなのに、なぜか「手を使ってはいけない」という意味不明なルールがあるからです。

基本的には自由なのに、理不尽な制約がある。手が使えないからなかなか思いどおりにならないし、誰もがミスをしてしまう。そこが人生と似ているのかもしれません。

人生と似ているサッカーを経験した人は、サッカーから得た学びを応用できれば、豊かな人生を送れることになるはずです。

この最終章では、「幸せなサッカー人」を増やすために私たちができることを考えていきます。

志郎　Jクラブでは、ユースからトップチームに上がっても数年で契約が終わってしまう選手がいます。それを見ると、「ああ、あの子にとって幸せだったのかな」と考えてしまう。ヨーロッパの有名なアカデミーでは、子どもたちにサッカー選手をめざすリスクを伝えて選択肢をもたせるようにしています。一握りしかなれないよ、大ケガしたら終わりだからほかの人生の準備も考えておこうね。

中国では、クラブが学校をつくって全寮制で選手を育成するところが多いんですけど、僕がいる広州富力は地域や学校と連携してやるスタンスをとっています。だから選手はみんな、練習が終わると自宅に帰ります。

僕がサッカーを教えていたのはU－13の子たちなんですが、全国大会に出場する際は、英語や数学の先生が帯同して大会中の夜に授業を2時間やるんです。その教科書を見たんですが、日本の中学3年生くらいだから2学年上のレベルの勉強をしているわけです。びっくりして、その子たちに「理解できるの？」って聞いたくらいです。

いい学校に進みたいんだけど人口が多くて競争が激しいし、しかも宿題もすごく多いみたいなので、みんな小・中学校から練習に来ても合間に勉強しています。実際、みんな英語も普通にしゃべるんですよ。

でも、これからの時代は勉強ができるだけではダメで、新しい環境に早く溶け込んで、人とうまくやっていく能力を身につけないと生き残っていけません。その土台をつくるという意味でも、サッカーを通して身につく力はすごく役に立つと思います。

選手は、どこのチームに行ってもすぐに活躍してコンスタントに結果を残せないとまずいわけです。このチームなら合うとか合わないという、チームによってマッチングの差が出るようではダメですよね。

自分では精一杯やっているつもりなんだけど、監督やコーチの評価が低いというのは、よくあるパターンです。自分がやりたいことをやるというのと、チームとしての方向性が違うときに、柔軟に合わせられないと活躍できません。

今の若い子は、上辺だけの遊びっぽい会話はするんでしょうけど、人との深いコミュニケーションが希薄ですよね。それは兄弟や友達同士でケンカをして仲直りを繰り返す、という体験が減ってるからだと思うんです。

そもそも昨今は、少子化で兄弟のいない子が増えているし、学校でケンカでもしたら大騒ぎになりますからね。昔はあちこちでしょっちゅう小さなケンカや衝突が起こって、そこから学ぶことも多かったと思うんです。

子どもだけで放課後、校庭に集まって遊ぶことも少ないから、「何して遊ぶ？」「ルール変えない？」みたいなすり合わせの経験もしにくい。逆に、大人のコーチに言われたことをやるような習い事が多いのです。

大人が真剣に遊ぶ姿を見せないと、子どもが育っていかない

――状況を変えられるとしたら、どこからがよいでしょう?

志郎　まずは大人がサッカーを真剣に遊んで、楽しんでいる姿を見せないとね。**楽しむためには厳しさや、いろいろな準備も必要かもしれないけれど、楽しむために必要であれば、人は主体的に取り組めるじゃないですか。**普通はガマンできないことも、その先に楽しみがあればがんばれますよね。

プレッシャーなどでも一時的には全力疾走できるかもしれないけど、続かないですよね。どこかで「もういいや」と、燃え尽きちゃう。でも、プロと違って大多数の人は「勝つ」という結果を出すためだけにサッカーをやってるわけじゃないですよね。いいプレーをして味方と喜びたいとか。点が入ったとき、日本中が歓喜に沸いて、ハイタッチしてみんなで喜びをシェアできるなんて楽しいですよね。

――サッカーは「手を使ってはいけない」という「理不尽な制約」があるところが面白いんだと思います。

志郎　人間にとって一番器用な手を使ってはいけないなんて、ひどいですよね（笑）。だ

から、サッカーはミスが多いスポーツであり、点が入りにくいスポーツであり、点が入ったときの歓喜が爆発的になるのだと思います。**「当たり前のこと、一番簡単なことに制約を加えると、難しいけど面白くなる」というのが興味深いです。**

――商売をするときに、「安売りをしてはいけない」という自分ルールを決めてやると、難しいけど面白くなります。それとまったく一緒だなと。そうやって考えると、「理念」や「美学」がある生き方というのはハンドの制約みたいなものだと思うんです。

幸せは自己評価――「何をしたらいいか？」と聞かれても「わからない」と答える

志郎　生き方にはいろいろありますが、そのなかで自己分析をして、まわりとうまくやれるように、よりいい生き方ができるように試行錯誤していくしかないですよね。

最近、自分がなりたいものがよくわからないという子どもが多いんですよ。よく「僕はどうするのがベストですか？」とか「どういう進路が合いますか？　どうしたらいいですか？」と聞いてくる子がいるんだけど、いやいや、わからないよと。それは僕が決めることじゃないですよね。

まずは、将来こうなりたいという理想の自分をイメージして、それに少しでも近づくためにはどうすればいいかを自分で考えなければならない。そのための練習方法だったらいくらでも教えます。というか、僕にできることはそれくらいしかない。

――べつに正解があるわけじゃないから、聞かれても「わからない」ってなりますね。

志郎　そう。僕は「理想の僕」を目指す。仲山さんは「理想の仲山さん」を目指す。それぞれがこうなりたいという理想の自分を目指していくしかないわけです。幸せは自己評価ですからね。

――指示され慣れていると、「自由にやったらいいよ」と言われたときに自分がどうしたいのかがわからないというのは、働いている人も同じだと思います。自由って面倒くさいんですよね。全部自分の頭で考えないといけないから。

志郎　サッカーでは、ボールを持ったときに生き生きするかどうかでわかりますね。自分がどうしたいのかがわかっている子は、生き生きする。

――どうしたいかわかっていれば、ボールを持ってないときにも生き生きできますね。

志郎　まさにそうです。ボールがないところでの「いぶし銀」なプレーのよさがだんだんわかるようになってくると、ボールを持ってなくてもいいんですよね。結局、幸せって「人間性のいい人」でないと長続きしないんです。それは「ただのいい人」という意味ではなくて、ちゃんと議論ができる誠実さをもっているということです。

読売クラブやヴェルディは、みんな人への要求が強い。プレーでもメンタルでも何でもいいから、どこかが「とがっていること」を求められます。うまくなくてもがんばりがすごいとかだと認めてもらえる。

入り口のセレクションでもそこを見ています。読売クラブでずっと「いい人」だったのは、ミニラ（中村忠）くらいでしたね（笑）。いつも黙々と、みんなのために汗をかいてくれていました。

厳しいことを言い合えるのは、みんな目標がハッキリしているからなんですよね。全員が「プロとして成果を出すため」にやっている。基準を高くもって妥協しない。公式戦とミニゲームの集中力も変わらない。だから試合で緊張することもない。常に「本気の遊び」をやっているんですよね。

――結局、「なんのためにサッカーをやっているのか」という話に行き着きますね。

志郎　ヨーロッパの人たちは遊ぶために一生懸命働きますよね。でも日本人は違う。

――怒られないため、評価を下げられないために働くという人が少なくない。志郎さんは

「子どもの人生によい影響を与える」のが働くモチベーションということですよね。

志郎　ただ、同時に子どもの人生を動かしてしまう可能性があるから責任も重大です。特に20人中、19、20番目の試合に出られない選手たちはやはり苦しいことが多い。

選手のときは自分のことだけを考えていればいいのですが、監督としてチームをもつと、試合に出ている選手だけじゃなくて、この19番目、20番目の子たちに何を与えてあげられるかということを考えなきゃいけない。彼らにも「このチームでサッカーをやってよかったな」と少しでも思ってもらいたいから。それがすごく大変です。

――もし、その監督自身が「怒られないため、評価を下げられないため」に働いている人だったら、そんな下位の選手までは目がいかないでしょうね。

志郎　たぶん、レギュラーの11人プラス、サブ数人くらいしか見ないでしょうね。そういうクラブや学校の部活もたくさんあります。だって、物理的に部員が１００人以上いたら下位の選手まではとても見きれません。

だから、サッカー協会は1人のコーチが見られるのは20人までとか25人までとか、ある程度の目安をつくってはいるけど、それですらちゃんと機能しているとは言い難いです。

――結局、「このチームでやってよかったな」と感じられる組織じゃなかったら、個人としてもチームとしてもハイパフォーマンスは出せないですよね。

志郎　出せないですね。では、試合に出られない選手に対しては、出られないときにどういうことをしてあげるべきなのか。今後の人生の生き方、社会に出たときに役立つことなどを伝えてあげることも大事だと思うんです。

やはり19番目の選手ってなかなか試合に出せないじゃないですか。もちろんできるだけ練習試合には出すなど、工夫はします。ただ、公式戦には出せないのが現状です。そういう子たちに「このチームにいてよかったな」と思ってもらうためには、普段のサッカーをいかに楽しめるかとか、人と一緒にやる喜びを味わえるかとか、いろいろなことをやる必要があります。

――高校のサッカー部も全国大会を目指してがんばっていますが、全国には行けない学校のほうが多いわけです。勝ち続けることが成功ならば、全国大会で優勝した学校以外の99%以上は失敗したことになってしまいます。

それでもなぜやる意義があるかというと、やっているのが楽しいから、成長できるからですよね。それが勝つためだけにガマンしてやると、結局はどこかで負けて「ほぼ失敗する」ので幸せにならない。

志郎　ただ、苦しいことを共有すると一体感が出てくるというのはあるんですよね。練習でたくさん走らされて、勝利という結果が出たら「これは正しかったんだ」と思って次もやってしまう。

でも、それだけ走っても、それ以上のチームが出てきたらやはり勝てないですよね。その恐い監督がいなくなったら、全然走らなくなったりもする。

――サッカーを通して学んだことがそれだと、やはり仕事をするようになっても「勝つことがすべて」で「怒られないために必死で働く」という人になってしまいそうです……。

志郎　一番強く願うのは、子どもたちには一生、サッカーを楽しんでほしいなということなんです。だから、そのときに所属しているチームで試合に出られなくても、そのあと、ほかのクラブに行ったときにサッカーが楽しめればいいわけです。

大人になって仕事をするようになっても、会社をはじめ、いろいろな仲間とサッカーを楽しんだり、サッカーを通じていい友達と出会えたりしたら、そのほうがトータルで考えたら幸せかもしれないじゃないですか。そういうことをみんなが理解して、生涯にわたってサッカーを通して、喜びや楽しみなどいろいろなことを得てほしいと思いますね。

その過程でだんだんレベルアップして高い目標を目指したくなった人は、それに向かって一生懸命がんばればいいわけです。

――「サッカーのある生活」を楽しんでいる人が増えるといいですね。サッカーのある生活というのは、プレーするだけではなくていろいろな形があっていいわけです。僕は「サッカーという概念のマニア」だから、「サッカーと仕事、サッカーと人生はこういうところでつながるな」と思いついたときに無常の喜びを感じられます（笑）。

志郎　みんながサッカーを通して幸せになるといいですよね。僕もこれまで長い間サッカーにいろいろな形で関わってきて、たくさんの人がサッカーを通して得られるものがもっといろいろあるとずっと思っていました。

ただ日本で一つのクラブに所属していると、なかなか発信できない。その点、今は日本から離れてやっているからいいタイミングだなと思います。

サッカーは日常にあって、サッカーから学べることはもっとたくさんあります。だから、それを知らないままなんとなくサッカーをやって終わっていくというのは非常にもったいない。

サッカーは勝つためだけにするものじゃない。もっと大きいものですからね。

あとがき

僕はサッカーから多くのことを学び、サッカーを通してたくさんの人と出会い、たくさんの人に支えられてきました。今回、これまでの経験を通して感じたことを伝えられて、とても幸せです。

そして何より、本書を読んでいただいたことで、読者の方がよりサッカーが好きになり、より幸せな人生を送るきっかけになってくれるのならば、これほどうれしいことはありません。もし「この本を読んでからちょっと変わったよ」という方がいたら、そのこと自体が僕を成長させてくれたサッカーへの恩返しになると思っています。

最後に、大きな愛情をもって厳しくも優しく育ててくれた両親、一緒に育った弟に心から感謝します。「親に恩返しはいらない。恩は子に返すんだよ」――たぶん父はそう言うでしょうね。

菊原志郎

あとがき

たまたま縁あって、筆者は横浜F・マリノスでプロ契約スタッフとして働くことになりました。２０１６年10月のことです。オフィスで最初に話しかけてくれた人がいました。どこかで会ったことがあるような気がします。

その人は「菊原です。こんにちは！」と言いました。

すると、そばにいた利重孝夫さん（シティ・フットボール・グループ日本代表、横浜マリノス取締役、元楽天常務）が「知ってるよね、菊原志郎」と言うではありませんか。

「えええ！　あの読売クラブの天才・菊原志郎さん!?」

日本リーグ時代からのサッカーファンである筆者、どうりで見たことがある気がしたわけです。

テンション高めに、「僕も育成の仕事をしています」「仕事で大切なことはすべてサッカーが教えてくれると思っているんです」「子どもが憧れる、夢中で仕事を遊ぶ大人を増やしたいと思っているんです」という話をしたら、「本当にそうなんですよ。そういうことを世の中に広く伝えたいと思っているんです」と盛り上がって、あっというまに意気投合しました。

今までやってきた仕事のことなどをいろいろ話すうちに、「仲山さん、面白そうだから、僕が受けもっている中学2年生のジュニアユースの選手向けに何かやってもらっていいですか？」ということになりました。

こうして月1回の「ジュニアユース（中2）向け育成プログラム」がスタート。内容は、本書にあるような「ものの見方・考え方」や「チームビルディング」的なものです。

あるとき、別の学年を担当しているコーチが話しかけてきてくれました。

コ「仲山さん、中2の研修ってどんなことをやってるんですか？」

仲「え、どうかしましたか？」

コ「中2の子たちに『研修どう？』って聞いたら、『楽しい』って言うんですよ。彼らが楽しいなんて言うことはなかなかないので、どんなことやってるのか気になって」

その後、「育成コーチ向け」と「スクールコーチ向け」にも育成プログラムを開催することになりました。

そんなふうに志郎さんと楽しくコラボで活動しているなかで、「一緒に本をつくりましょう」となったのですが、共著はお互い初めての試みだし、そもそも「志郎さんのすごさをどう表現したらわかりやすく伝えられるのか!?」というところで試行錯誤を繰り返した結果、形にするまでに2年以上かかってしまいました。

その間に、志郎さんは中国の広州富力へ移籍して、勝てなかったチームを全国優勝させるという偉業を成し遂げました。「本のプロジェクト、時間がかかったけど逆に内容が濃くなったかもしれませんね」などと言い合いながら、このたびようやく出版にたどり着くことができた次第です。

志郎さんとのご縁を紡いでくれた利重さん、ありがとうございます!

そして、出版にあたって「打ち合わせという名の楽しいサッカー談義」で盛り上げてくれた徳間書店の苅部達矢さんにも感謝です。

最後に、こんな、仕事をしてるんだか趣味のサッカーネタで遊んでいるんだかわからないような僕を、いつも温かく（時にはするどいツッコミで）応援してくれる妻と息子にも感謝します。ありがとう。

この本を読んでワクワクしてきた方、もしよかったらメールをください。一緒に「幸せなサッカー人」を増やしていきましょう！（いただいたメールは志郎さんにも共有します）

２０１９年11月吉日

仲山進也（nakayama48@gmail.com）

菊原志郎（きくはら・しろう）

1969年7月7日、神奈川県生まれ。元サッカー日本代表。広州富力足球倶楽部アカデミー育成責任者。小学４年から読売クラブ（現・東京ヴェルディ）でプレーし、15歳でプロ契約、16歳で日本サッカーリーグ最年少デビュー。20歳で日本代表に選出される。Ｊリーグのレンタル移籍第1号として浦和レッズでプレー。引退後はヴェルディのコーチを経て、U-15、U-16、U-17日本代表、JFA アカデミー福島、横浜Ｆ・マリノスジュニアユースでコーチを務め、2011年 U-17ワールドカップメキシコ大会では日本代表を18年ぶりのベスト8に導く。2018年より中国スーパーリーグの広州富力アカデミーで指導を行い、U-13中国足球協会杯で準優勝。翌2019年には U-14中国青年運動会で優勝し、広州富力アカデミーの育成責任者（Head of youth academy coaching）に就任。著書には、『すぐできる！サッカー・オフ・ザ・ボール』『DVD でマスター！ミニゲームでサッカーがどんどんうまくなる！』（ともに学研プラス）などがある。

仲山進也（なかやま・しんや）

1973年6月27日、北海道生まれ。仲山考材株式会社 代表取締役／楽天株式会社楽天大学学長。創業期（社員約20名）の楽天株式会社に入社、2000年に楽天市場出店者の学び合いの場「楽天大学」を設立、人にフォーカスした本質的・普遍的な商売のフレームワークを伝えつつ、出店者コミュニティの醸成を手がける。2004年には「ヴィッセル神戸」公式ネットショップを立ち上げ、ファンとの交流を促進するスタイルでグッズ売上げを倍増。2016年、横浜F・マリノスのプロ契約スタッフとなり、コーチ向け・ジュニアユース向けの育成プログラムを実施。20年にわたって数万社の中小・ベンチャー企業を見続け支援しながら、消耗戦に陥らない経営、共創マーケティング、指示命令のない自律自走型の組織文化・チームづくり、夢中で仕事を遊ぶような働き方を研究している。著書には、人気サッカー漫画『ジャイアントキリング』とコラボした『今いるメンバーで「大金星」を挙げるチームの法則』（講談社）ほか多数ある。

装丁　坂井栄一（坂井図案室）
校正　美笑企画
組版　キャップス
編集　苅部達矢

サッカーとビジネスのプロが明かす育成の本質

才能が開花する環境のつくり方

第1刷　2019年11月30日

著　者　菊原志郎／仲山進也

発行者　平野健一
発行所　株式会社 徳間書店
〒141-8202 東京都品川区上大崎3-1-1 目黒セントラルスクエア
電話　編集03-5403-4344／販売049-293-5521
振替　00140-0-44392
印刷・製本　図書印刷株式会社

ISBN978-4-19-864924-1